BIBLIA INFANTIL

A mis nietos Carla-Esther y Fernando... y a todos los niños del mundo para que se inicien en la lectura de la verdadera Palabra de Dios escrita y vayan adquiriendo los conocimientos y la sabiduría que encierran los Textos Sagrados y, al mismo tiempo, puedan deleitarse con las ilustraciones seleccionadas por su valor pedagógico y realizadas de una manera clara y sencilla, exclusivamente para ellos, en esta Biblia Infantil.

A. ORTELLS

Biblia
Infantil

EDITORIAL ALFREDO ORTELLS, S. L.

NIHIL OBSTAT:
Rvdo. Sr. D. Antonio Cañizares Lloveras
Censor

IMPRIMI POTEST:
Ilmo. Sr. D. Juan Pérez Navarro
Vicario General

POR MANDATO DE:
M. I. Sr. D. Eduardo Margarit Solbes
Canciller-Secretario

DIRECCIÓN EDITORIAL:
Fernando J. Ortells González

TEXTOS:
Rvdo. Sr. D. Samuel Valero Lorenzo

ILUSTRACIONES:
Miguel Quesada Cerdán

© EDITORIAL ALFREDO ORTELLS, S.L.
C/. Sagunto, 5 - 46009 Valencia (España)

I.S.B.N.: 84-7189-251-0 (Mod. 1, Cartoné)
I.S.B.N.: 84-7189-250-2 (Mod. 2, Granoflex)
I.S.B.N.: 84-7189-249-9 (Mod. 3, Símil-piel)
I.S.B.N.: 84-7189-248-0 (Mod. 4, Símil-piel)
I.S.B.N.: 84-7189-247-2 (Mod. 5, Nacarina)
I.S.B.N.: 84-7189-315-0 (Mod. 6, Nacarina)

Depósito legal: M-17607-1999

Impreso en Unigraf, S.L. (Madrid) - Printed in Spain.

A los Padres

He paseado por los parques de la ciudad; por esos pequeños espacios liberados del asfalto y del cemento. En el chalé de un amigo he contemplado el jardín. También he salido por los caminos de un pueblo rural: a derecha y a izquierda todo eran campos de trigo y cebada.

En los tres sitios he visto tierra; tierra trabajada y mimada. Unas veces para ser goce de los ojos; otras, para ser pan del hogar.

Pero, a pesar del empeño amoroso del jardinero o del campesino, con las alas del viento llegan las malas hierbas.

¿Qué serían estas tierras si no hubiera laboriosidad y empeño?

¡Vegetación silvestre!

Porque la tierra devuelve lo que en ella se ha sembrado.

¡Tus hijos son tierra fértil! Tierra preparada con amor. Sólo falta que caiga la semilla, y caerá. Si no la depositas tú el viento se encargará de traerla.

Si siembras el buen trigo de la Palabra de Dios, aunque también aparezcan malas hierbas, al final, la cosecha será de buen trigo para amasar el mejor pan.

Indice general

Dedicatoria 7
A los Padres 11
Indice general 13
Prólogo 17

ANTIGUO TESTAMENTO

La Creación 21
Creación del Mundo 22
Creación de los Angeles 24
El Paraíso 26
Pecado de Adán y Eva 28
Caín y Abel 30
El Diluvio 32
Alianza de Dios con Noé 34
La Torre de Babel 36
El Pueblo Elegido 39
Vocación de Abraham 40
Melquisedec 42
Sodoma y Gomorra 44
Dios prueba la Fe de Abraham 46
Isaac y Rebeca 48
Esaú y Jacob 50
La escalera de Jacob 52
Los hijos de Jacob 54

José vendido por sus hermanos 56
José y los sueños del Faraón 58
José reconoce a sus hermanos 60
La familia se traslada a Egipto 62
Moisés 64
La Zarza Ardiente 66
Las diez plagas 68
Salida de Egipto 70
Paso del Mar Rojo 72
Hacia el Sinaí 74
Los Diez Mandamientos 76
El Becerro de Oro 78
El Pueblo Errante 80
Muerte de Moisés 82
Josué 84
Caída de Jericó 86
Sigue la conquista de la Tierra Prometida 88
Gedeón 90
Sansón 92
Rut 94
Vocación de Samuel 96
Samuel, el último de los Jueces 98
Saúl, primer Rey de Israel 100
David y Goliat 102
Saúl envidia a David 104
David reina en Jerusalén 106
Salomón 108
División del reino 110
Elías 112
El carro de fuego 114
Eliseo 116
Jonás 118
Judit 120
Isaías 122
Jeremías 124
Jerusalén destruida y el destierro 126
Ezequiel 128

Daniel 130
Ester 132
Tobías 134
Job 136
Regreso del exilio 138
Esdras 140
Nehemías 142
Los hermanos Macabeos 144
Matatías 146

NUEVO TESTAMENTO

El Mesías 151
La Anunciación 152
Visitación 154
José, el esposo de María 156
Nacimiento de Jesús 158
Presentación en el templo 160
Los Tres Reyes Magos 162
Jesús entre los doctores 164
Juan el Bautista 166
Bautismo de Jesús 168
Jesús es tentado en el desierto 170
Los primeros Discípulos 172
Las Bodas de Caná 174
Los vendedores en el templo 176
Jesús junto al pozo de Jacob 178
La pesca milagrosa 180
El paralítico perdonado 182
Elección de los Apóstoles 184
El Sermón de la Montaña 186
Un entierro a las puertas de Naím 188
La tempestad calmada 190
La hija de Jairo 192
El milagro de los panes y los peces 194
Promesa de la Eucaristía 196

Pedro, cabeza de la Iglesia 198
La Transfiguración 200
El ciego de nacimiento 202
El Padrenuestro 204
El Hijo Pródigo 206
Resurrección de Lázaro 208
Jesús y los niños 210
El joven rico 212
Zaqueo 214
Vuelve a Betania 216
Entrada triunfal en Jerusalén 218
Lavatorio de los pies 220
El traidor 222
La Ultima Cena 224
En el huerto de Getsemaní 226
Jesús ante Anás y Caifás 228
Negaciones de Pedro 230
Jesús ante Pilato 232
Muerte en la Cruz 234
La Sepultura 236
La Resurrección 238
Los Discípulos de Emaús 240
Aparición de Jesús a los Apóstoles 242
Junto al lago Tiberíades 244
La Ascensión 246
Venida del Espíritu Santo 248
La Iglesia en marcha 250
El primer mártir 252
Conversión de Saulo 254

MAPAS

El éxodo del pueblo judío 259
Canán repartida entre las doce tribus 260
Palestina en tiempo de Jesucristo 261
Viajes apostólicos de San Pablo 262

Prólogo

Antes de iniciar la lectura de este libro es conveniente que tengas alguna información acerca de la Biblia.

Dios es su origen y autor. Los hombres que a lo largo de muchos siglos la han escrito, lo han hecho inspirados por Él. De tal manera que escribían, sabiéndolo o sin ser conscientes de ello, lo que Dios quería que escribieran. Por ello se llama «Palabra de Dios».

Naturalmente la Biblia es un libro religioso, a través del cual Dios nos revela verdades fundamentales y necesarias para la vida presente del hombre en sus relaciones con Dios, en las de los hombres entre sí y, especialmente, sobre la acción salvadora de Dios sobre todos nosotros.

La Biblia se divide en dos grandes partes: el Antiguo y el Nuevo Testamento. Comprende el Antiguo Testamento desde el principio de los tiempos hasta la llegada de Jesucristo a la Tierra. El Nuevo Testamento narra la vida de Jesucristo y de los primeros discípulos.

La Biblia fue escrita en hebreo y en griego. Los especialistas la estudian en sus lenguas originales. Nosotros leemos las traducciones a nuestras lenguas.

Tanto el Antiguo como el Nuevo Testamento se componen de distintas partes que se llaman *libros;* cada libro se compone de *capítulos* y los capítulos, a su vez, se dividen en *versículos.*

Esta Biblia que tienes en las manos está resumida, adaptada e ilustrada para que la entiendas más fácilmente. No obstante, si quieres ampliar la lectura, al final de cada título se citan, entre paréntesis, los libros y capítulos de los que se ha tomado la narración.

Dios quiera que cuando seas mayor leas la Biblia completa.

S. V. L.

Antiguo Testamento

La Creación

Nada. Fuera de Dios, nada. Únicamente estaba Dios. Y, con sólo querer, fue haciendo todas las cosas por amor.

Desde entonces las estrellas, las plantas y los animales se mantienen obedientes a las leyes que les dio, y por esto hay orden en la naturaleza.

Sólo el hombre y los ángeles fueron creados con inteligencia y libertad; con capacidad de escoger. Únicamente eligiendo a Dios serían felices. Y lo fueron mientras se mantuvieron fieles a la prueba que les puso.

Les ganó la tentación y desobedecieron. Detrás del pecado de Adán y Eva vinieron todos los demás pecados y, con ellos, todos los males y desdichas.

Como padre, Dios quiso que fueran buenos hijos suyos. Para conseguirlo unas veces les advertía con buenos consejos; otras, con castigos.

Con Noé quiso volver a empezar y, de nuevo, se apartaron de su Fe. Pero Dios siguió y sigue en el empeño de hacer a los hombres felices con Él.

Creación del Mundo

DIOS creó al principio los cielos y la Tierra. La Tierra estaba turbulenta, vacía de vida y envuelta en oscuridad.

Quiso Dios que hubiera luz. Y apareció la luz. La separó de la oscuridad, y la llamó día. A la oscuridad, noche.

Después quiso que hubiera firmamento para separar las aguas de abajo, de las aguas de las nubes.

Así ocurrió, y al firmamento lo llamó cielo.

Luego quiso que se juntaran las aguas de debajo del cielo, y que apareciera lo seco. Así sucedió, y a lo seco lo llamó tierra. A las aguas reunidas, mares. Y añadió: «Que de la tierra nazca hierba verde con semillas y árboles con frutos.» Y así fue.

Más adelante quiso que en el firmamento hubiera sol, luna y estrellas, para separar el día de la noche, y que sirvieran para medir los días, las estaciones y los años. Y aparecieron.

A continuación Dios creó los peces, las aves y los animales de todas las especies.

Por último dijo Dios: «Hagamos al hombre a nuestra imagen y semejanza, para que domine sobre todo lo creado.» Y creó al hombre y a la mujer.

(Génesis 1)

Creación de los Ángeles

CREÓ Dios también innumerables ángeles. No se pueden ver porque no tienen cuerpo. Son espíritus puros, muy inteligentes y poderosos.

Los creó para que fueran mensajeros suyos.

Dios decidió ponerles una prueba para que dijeran si querían amarle y serle obedientes para siempre.

Muchos se rebelaron. Y muchos más se mantuvieron fieles. Se entabló una batalla en el cielo. El arcángel Miguel, con los ángeles buenos, expulsaron a Lucifer y a los ángeles malos de la presencia de Dios, y los arrojaron al infierno, creado para castigarlos eternamente. Ya nunca volverán a ser felices.

En cambio, los ángeles buenos permanecen para siempre contemplando el rostro de Dios, dispuestos a cumplir sus órdenes.

Cuando aparecieron los hombres, la batalla que hubo en el cielo se trasladó a la Tierra. Lucifer, que también se llama Diablo o Satanás, y los ángeles caídos, que se llaman demonios, tientan a los hombres para que pequen y no vayan a gozar en el cielo. Lo hacen por odio a Dios y por envidia a los hombres.

Pero Dios pone un ángel custodio al lado de cada ser humano que nace. Es su aliado en la batalla contra los demonios; lo defiende ante los peligros del alma y del cuerpo, y le ayuda con sus buenas inspiraciones en el camino hacia Dios.

Hay que pedirle ayuda y agradecer sus servicios.

El Paraíso

ADÁN, hecho del polvo de la tierra, recibió en la cara el soplo de Dios. Con este soplo estrenó el alma, y empezó su vida con inteligencia para conocer y con voluntad para escoger libremente.

Dios lo puso en un paraje encantador, el Edén; en un jardín con ríos y árboles, para que lo trabajara. En el centro de este vergel había dos árboles: el de la vida y el de la ciencia del bien y del mal.

Comiendo del primero, su fruto le daba la inmortalidad.

Pero el segundo le produciría la muerte. Dios, prohibiéndoselo, le advirtió:

—El día que comas de él, morirás sin remedio.

Adán era el primero y el único hombre sobre la tierra. Gozaba de la compañía y amistad de Dios. Su cuerpo le obedecía sin fatiga. Hiciera lo que hiciera nunca se cansaba. Disfrutaba viendo los animales y les puso nombre a todos ellos. Era muy feliz y tenía a su disposición todo cuanto pudiera desear. Pero se dio cuenta de que no tenía ningún semejante a él, y entonces se sintió muy solo.

Dios puso remedio a su soledad: lo durmió profundamente, le extrajo una costilla, y con ella formó a la mujer. Al verla Adán se alegró con su presencia y dijo:

—Esto sí que es hueso de mis huesos y carne de mi carne.

Adán y la mujer andaban desnudos sin sentir vergüenza. Dios los visitaba y paseaba con ellos por aquel paraíso. Así de felices tenían que ser, hasta que Dios se los llevara al cielo, sin pasar por la tristeza de la muerte.

Y el árbol de la ciencia del bien y del mal estaba allí, en medio del jardín, para probar su obediencia a Dios.

(Génesis 2)

Pecado de Adán y Eva

PERO el Diablo empezó a sentir envidia del hombre. A través de la astuta serpiente, dialogó con la mujer, aprovechando que estaba sola:

—¿Es verdad que Dios no os permite comer los frutos de todos los árboles?

—Podemos comer de todos menos del que está en medio del jardín. Nos ha dicho que si comemos de él, moriremos.

—¡No moriréis! Si coméis de él seréis como Dios, conocedores del bien y del mal.

Y la mujer, engañada por la serpiente, tomó de aquel fruto. Era apetitoso. Comió y le ofreció a Adán, que también lo probó.

Acababan de desobedecer.

Oyeron los pasos de Dios entre el follaje del jardín y se ocultaron. No soportaban su presencia. Sentían vergüenza de su desnudez y de su pecado. A las preguntas que les hizo Dios, ellos fueron echando la culpa del uno al otro: Adán a la mujer y la mujer a la serpiente. Dios castigó a Adán y Eva, y maldijo a la serpiente.

Les dio unas túnicas de piel y los arrojó del jardín del Edén. En la puerta puso dos ángeles querubines con refulgentes espadas para que no pudieran volver a él, ni comer más del árbol de la vida.

Adán puso a su mujer el nombre de Eva, que significa madre de los hombres. Ellos dos eran toda la humanidad, y todos los seres humanos pecaron en ellos. Por esto, todos nacemos sin la gracia de Dios, sujetos al dolor, a la fatiga y a la muerte. Aquel pecado sembró la malicia en el corazón de los hombres.

(Génesis 3)

Caín y Abel

ADÁN y Eva se arre-
pintieron de su pe-
cado, y no se olvidaron de Dios.
Pero la semilla del mal ya estaba
sembrada en el corazón del hombre.

Tuvieron hijos e hijas. Dos de ellos, los
mayores, fueron Caín y Abel. El primero
era agricultor, y Abel, pastor de ovejas.

Ambos ofrecían sacrificios a Dios. Abel era
generoso y sacrificaba lo mejor de su ganado; esto
agradaba a Dios y lo bendecía. Caín, dominado por el egoís-
mo, siempre ofrecía lo peor de sus cosechas, y Dios rechazaba
su ofrenda.

En el corazón de Caín fue naciendo la envidia hacia Abel.
En su interior oía la voz de Dios que le decía:

—¿Por qué andas triste? ¡Obra bien y estarás alegre, pero
si no, el pecado estará a tu puerta como una fiera al acecho!

Caín no quiso dominar sus malas inclinaciones. Y un día, estando solos en el campo, se arrojó sobre Abel y lo mató.

Este primer asesinato llegó como un grito hasta el cielo. Inmediatamente preguntó Dios a Caín:

—¿Dónde está tu hermano Abel?

—No lo sé. ¿Soy acaso yo guardián de mi hermano?

Y Caín se apartó de Dios.

Huyó de aquellas tierras y anduvo errante. Agobiado por su crimen, temía morir a manos de cualquiera; pero Dios le puso una señal para que nadie lo matara. Por fin, se quedó a vivir con su mujer en la región de Nod.

Adán y Eva aún tuvieron un nuevo hijo, de buen corazón como Abel, a quien pusieron el nombre de Set.

(Génesis 4)

El Diluvio

DESPUÉS de muchísimos años la raza humana se había multiplicado sobre la tierra. Dios vio que era grande la maldad de los hombres y se arrepintió de haberlos creado.

Sólo había uno bueno, llamado Noé, y Dios le dijo:

—La tierra está llena de malicia por culpa de los hombres; por ello voy a exterminarlos.

A continuación, le explicó la manera de construir una enorme arca de madera recubierta de brea; como un barco de dos pisos.

Cuando estuvo terminada el arca, Dios dijo a Noé que metiera en ella a toda clase de animales, en parejas de macho y hembra; que cargara provisiones en abundancia y que se encerrara dentro con su esposa, sus tres hijos, Sem, Cam, Jafet y sus mujeres.

Durante cuarenta días y sus noches, no cesaron de caer cascadas de agua y todo ser viviente de aquella región pereció ahogado.

(Génesis 6; 7)

Alianza de Dios con Noé

AL cabo de ciento cincuenta días las aguas del Diluvio empezaron a bajar de nivel, y el arca encalló sobre la cresta del monte Ararat. Tres meses más, y aparecieron las cumbres de los cerros. Seguían rebajándose las aguas.

Noé abrió la ventana que había hecho en el arca, y soltó un cuervo que estuvo yendo y viniendo, hasta que un día desapareció. Luego soltó una paloma que, después de un largo vuelo, volvió al arca. Noé pensó que había regresado porque el agua le impedía posarse en el suelo. Pasaron varios días más, y la volvió a soltar. Al atardecer regresó con un ramo verde de olivo en el pico. Entendió Noé que era la señal de que ya podía salir.

Retiró la cubierta del arca; miró y vio que ya estaba seca la superficie del suelo. Dio suelta a todos los animales para que, en libertad, pudieran hacer crías y se multiplicaran.

Noé hizo un altar y ofreció un sacrificio a Dios. Este miró con ojos de bondad a aquellas criaturas que se habían salvado, y dijo en su corazón: «Nunca más volveré a maldecir la Tierra por culpa del hombre, ya que, desde su niñez, lleva en el corazón los signos de la maldad.»

Luego dijo a Noé y a sus hijos:

—Multiplicaos y llenad la Tierra; Dominadla. Todo lo que vive os sirva de alimento. Todo es vuestro; yo os lo doy.

Y añadió:

—Hago un pacto con vosotros: ya no habrá otro diluvio. El arco de las nubes es la señal de mi alianza.

En ese momento apareció el arco iris. Noé y su familia sintieron la bendición de Dios sobre ellos. Sem, Cam y Jafet tuvieron muchos hijos y empezaron a repoblar la Tierra.

(Génesis 8; 9)

La Torre de Babel

LOS descendientes de Sem emigraron hacia Oriente, y se instalaron en el país de Senaar. Descubrieron un hermoso valle y decidieron construir en él una ciudad, y en la ciudad, una torre cuya cúspide tocara el cielo.

—Con ella nos haremos famosos —se dijeron.

Fabricaron ladrillos, y probaron a cocerlos al fuego. De esta manera consiguieron tener un material como las duras piedras.

Y empezaron a edificar utilizando la brea

como cemento. A medida que avanzaba la obra surgían planes distintos sobre el modo de hacerla, y eran frecuentes las discusiones entre los jefes y los obreros.

Dios vio que era orgullo y vanidad lo que impulsaba a aquella gente a realizar tan gran construcción, y decidió humillarlos en su ridícula pretensión.

Todos hablaban la misma lengua. Y Dios dijo:

—Voy a confundir su lenguaje para que no se entiendan unos con otros.

Y así sucedió. Todo era confusión, malos entendidos y desorganización. No encontraban la manera de ponerse de acuerdo.

Decidieron dispersarse, dejando la torre sin acabar.

Fue la torre de Babel, llamada así porque significa que en ella Dios mezcló las lenguas.

(Génesis 11)

El Pueblo Elegido

La humanidad se parece a un río. Empieza en las alturas de la sierra en pequeños arroyos; se juntan unos con otros; se hace grande y, con frecuencia, se desborda y hace fértiles las tierras bajas de la huerta.

Dios quiso escoger un río que llevara en su cauce la salvación. Ese río va ser el «Pueblo Escogido de Dios».

Y empezó con un solo hombre, con Abraham, unos 1.850 años antes de Jesucristo. Lo llama para que sea el principio del arroyo.

Se le manifiesta y le pide fe. Fe en Dios y en las promesas que le hace: que poseerá la tierra de Canán y que, por su numerosa descendencia, serán benditas todas las naciones de la Tierra.

Desde Abraham, la fe en el único y verdadero Dios ha ido pasando hasta el nuevo Pueblo de Dios, que es la Iglesia de Cristo.

Dios gobierna la historia de los hombres para que llegue a la meta que ha previsto.

En Egipto, la descendencia de Abraham empieza a ser un pueblo numeroso.

Vocación de Abraham

DE nuevo la maldad se había apoderado de la humanidad. El verdadero Dios estaba casi olvidado. Lo habían sustituido los ídolos.

En la ciudad de Ur de Caldea había un hombre piadoso llamado Abram, casado con Saray. Dios le dijo:

—Deja tu país y la casa de tu padre, y vete a la tierra que yo te indicaré.

Y Abram, un día, salió de Jarán con Saray y su sobrino Lot. Se llevó también sus muchos criados, los ganados y los camellos.

Cuando llegó a Canán, Dios le dijo:

—A tu descendencia daré esta tierra. Serás padre de un gran pueblo, y por ti serán benditas todas las naciones. Ya no te llamarás Abram, sino Abraham, porque serás padre de muchísimos pueblos. Y a Saray la llamarás Sara, porque de ella nacerán reyes de pueblos. Yo seré vuestro Dios, y vosotros, mi pueblo. El Pueblo de Dios.

(Génesis 12, 13; 17, 1-16)

Melquisedec

LOS reyes de las ciudades de las márgenes del río Jordán estaban en discordia, y acabaron en guerras. Sodoma y Gomorra cayeron en manos de los vencedores. Las saquearon y se llevaron prisioneros a todos sus habitantes.

Lot, el sobrino de Abraham, que habitaba en Sodoma, fue también apresado. Alguien que logró escapar, dio a Abraham la noticia de lo sucedido. Inmediatamente movilizó una tropa y los derrotó.

Cuando Abraham regresaba victorioso le salieron al encuentro el rey de Sodoma y Melquisedec, rey de Salem, para rendirle homenaje.

El rey de Sodoma le dijo que se quedara con todos los bienes recuperados en la batalla; pero Abraham no quiso quedarse con nada.

Melquisedec, además de rey de Salem, era sacerdote del Dios Altísimo, y presentó pan y vino

para ofrecerlos en sacrificio. Mientras hacía esto bendijo a Abraham, diciendo: «Bendito seas de parte de Dios creador de cielos y tierra.»

Abraham, en agradecimiento, le dio la décima parte de todo el botín obtenido.

(Génesis 14)

Sodoma y Gomorra

EN Sodoma y Gomorra se cometían muchas atrocidades. Un día Dios se presentó ante Abraham y le dijo que pensaba destruir las dos ciudades. Abraham le suplicó que tuviera compasión ya que, por lo menos, debía haber cincuenta personas buenas.

—No las castigaría si así fuera —le dijo Dios.

—¿Y si hubieran cuarenta?

—Tampoco las castigaría —contestó.

Abraham siguió insistiendo, y en el regateo con Dios rebajó hasta diez. Le repitió Dios:

—En atención a diez personas justas, no las destruiría.

Dos emisarios de Dios fueron a Sodo-

ma y desde casa de Lot fueron testigos de los espantosos pecados que cometían aquellas gentes. Le dijeron a Lot que saliera
a toda prisa con su mujer y sus dos hijas, y que corrieran vega
arriba, sin volver la mirada atrás, ya que si no se convertirían
en estatuas de sal.

El sol salía, y empezó a caer una lluvia de azufre ardiendo
sobre Sodoma y Gomorra. Las dos ciudades, con sus habitantes, quedaron arrasadas. La mujer de Lot miró atrás y quedó
convertida en una estatua de sal.

(Génesis 18; 19)

Dios prueba la Fe de Abraham

ABRAHAM y Sara no habían tenido hijos, y por ser ancianos ya no podrían tenerlos. No obstante, Dios les había anunciado que tendrían mucha descendencia.

A la sombra de su tienda, Dios le dijo que en el plazo de un año Sara le daría un hijo, al que llamarían Isaac. Ésta que escuchaba en el interior de la tienda se echó a reír.

Pasó un año y, efectivamente, nació Isaac, colmándolos de felicidad. Pero un día Dios le ordenó:

—Toma a tu hijo Isaac que tanto amas; vete con él, y ofrécelo en sacrificio en el cerro que yo te diga.

Abraham debió quedarse desconcertado; pero obedeció.

Llegaron al lugar señalado. Abraham construyó un altar, y dispuso la leña sobre él; ató a su hijo, y lo puso encima. Empuñó el cuchillo y, con el brazo en alto, iba ya a sacrificarlo. En ese instante, un ángel de Dios le detuvo, y escuchó:

—¡No lo mates!, que ya veo que eres temeroso de Dios.

(Génesis 18, 9-15; 21, 1-7; 22)

Isaac y Rebeca

ABRAHAM, muy anciano, llamó un día al más viejo de sus servidores para darle un encargo muy importante. No quería que su hijo Isaac se casara con una mujer de Canán. Sara ya había muerto.

El viejo criado tomó diez camellos cargados con ricos presentes y emprendió un largo viaje hacia Caldea. Después de muchas jornadas, un atardecer, llegó a las puertas de la ciudad de Jarán. Junto a la fuente detuvo los camellos, y se dispuso a esperar a que las muchachas de la ciudad vinieran a llevarse agua.

Llegó una hermosa doncella. Llenó su cántaro y, cuando ya se iba, el viejo criado le pidió que le diera de beber de la vasija que acababa de llenar. La joven no sólo le dio agua a él, sino que empezó a llenar el abrevadero para que los camellos también bebieran.

Aquella muchacha era la elegida. Lo que acababa de hacer era la señal que había pedido el anciano criado para que Dios se la diera a conocer.

—Dime cómo te llamas y de quién eres hija —pidió él.

—Soy Rebeca, hija de Batuel, el hijo de Najor —contestó ella.

Al viejo le dio un vuelco el corazón.

Najor era hermano de su señor, Abraham, y por tanto Rebeca era sobrina de Isaac. La obsequió un pendiente y dos brazaletes de oro. La muchacha corrió a contar en casa lo sucedido.

Su hermano Labán fue en busca del anciano y lo invitó a que se hospedara en su casa. Contó que venía a buscar, de parte de su señor Abraham, una esposa para su hijo Isaac, entre los parientes de la casa de su padre.

Rebeca y su familia aceptaron el ofrecimiento. Al día siguiente emprendió el regreso con la muchacha y su criada.

Cuando Isaac vio a Rebeca, la aceptó inmediatamente como esposa.

(Génesis 24)

Esaú y Jacob

PASARON los años y Rebeca dio a luz mellizos. Esaú nació primero que Jacob. Crecieron los muchachos. Esaú era muy peludo y Jacob lampiño. El mayor era el preferido de su padre porque le gustaba el monte y la caza. En cambio, Jacob era hogareño, y su madre lo quería más.

Un día Jacob estaba guisando unas sabrosas lentejas. Esaú venía de cazar, hambriento, y le dijo:

—Te cambio mis derechos de primogénito por un plato de esas lentejas.

—¡Júramelo ahora mismo! —le dijo Jacob.

Esaú lo juró; se comió las lentejas, y cambió los derechos de la primogenitura.

Isaac era ya muy viejo y se había quedado ciego. Había llegado el momento de transmitir a su hijo mayor todos los derechos. Llamó a Esaú, le dijo que saliera a cazar al monte y que con la caza le preparara un buen guiso.

Después de comer le daría la bendición. Rebeca que había oído todo pidió a Jacob que le trajera del rebaño dos cabritos. Y los guisó rápidamente. Vistió a Jacob con las mejores ropas de Esaú y le cubrió los brazos con la piel de los cabritos. Luego le mandó que sirviera la comida a su padre para que le diera la bendición, antes de que regresara Esaú.

—Come, padre, el guiso que acabo de prepararte —le dijo Jacob.

—La voz es de Jacob. Acércate para que te toque y me asegure de que eres Esaú.

Los brazos peludos por las pieles de los cabritos y el perfume de los vestidos de Esaú engañaron a Isaac. Comió y le dio su bendición.

Al poco rato entró Esaú con su plato de caza. Aunque Isaac se lamentó por haber sido engañado, fue Jacob el que quedó constituido en heredero por la bendición paterna.

(Génesis 25, 9-34; 27)

La escalera de Jacob

ENCOLERIZADO por todo lo ocurrido Esaú amenazó con matar a su hermano y, para evitarlo, Rebeca le dijo a Jacob que huyera hasta que se calmara. Isaac le aconsejó que aprovechase el viaje para buscarse esposa en el país de su madre, en casa de su tío Labán.

Y Jacob huyó, encaminándose hacia Jarán. Al anochecer de la primera jornada se tumbó en el suelo y recostó la cabeza sobre una piedra para dormir. Soñó con una escalera que de la tierra subía hasta el cielo; por ella circulaban ángeles, y Dios, que estaba arriba, le dijo:

—La tierra en que estás acostado te la doy para ti y tu descendencia. Yo estoy contigo; te cuidaré adonde vayas y te devolveré a este mismo lugar.

Jacob se despertó asustado como si hubiera tenido una pesadilla. Ungió con aceite la piedra en que se había apoyado.

Siguió caminando muchas jornadas y se encontró con unos rebaños de ovejas junto a un pozo. Preguntó a los pastores de dónde eran. Le respondieron que de Jarán. Les preguntó si conocían a Labán. Efectivamente lo conocían, y señalando a una muchacha que venía con su ganado hacia el pozo le dijeron que era Raquel, una de sus hijas. Se dio a conocer a Raquel, y lloró de alegría al encontrarse con parientes tan lejos de su casa.

Pasó muchos años trabajando en casa de su tío Labán, y se casó con Raquel. Con muchas riquezas regresó a Canán donde su hermano Esaú lo recibió con los brazos abiertos.

Cuando llegó a Mambré aún pudo abrazar a su anciano padre, Isaac, quien murió poco después.

(Génesis 27, 41-46; 28; 29)

Los hijos de Jacob

DIOS habló a Jacob en Betel y cambió su nombre por el de Israel. Le recordó que de él nacería un pueblo, una asamblea de pueblos, y habría reyes en su descendencia. Insistió en que la tierra que dio a Abraham e Isaac se la daba a él y a su posteridad.

Partieron de allí y, poco antes de llegar a su nuevo campamento, Raquel dio a luz muriendo en el parto. Al niño que nació le pusieron de nombre Benjamín, el último de los doce hijos de Jacob. Los otros nacieron mientras estuvo en casa de su tío Labán. Se llamaron: Rubén, Simeón, Leví, Judá, Dan, Neftalí, Gad, Aser, Isacar, Zabulón y José.

Los doce hijos de Jacob serán las cabezas de las doce tribus del pueblo de Israel.

(Génesis 35)

José vendido por sus hermanos

JOSÉ era el preferido de Jacob por lo que sus hermanos le tenían envidia y celos. Un día les contó un sueño que había tenido: Estaban en el campo atando haces de trigo y el suyo se mantenía derecho mientras los haces de sus hermanos se inclinaban rodeándolo para adorarlo. En otro sueño, les contó que el Sol, la Luna y las estrellas también lo adoraban. Jacob le reprendió por contar estos sueños y, como temía, la envidia de sus hermanos se convirtió en odio.

En cierta ocasión los hermanos de José pastoreaban los rebaños lejos de casa y hacía mucho tiempo que Jacob no tenía noticias de ellos, por lo que mandó a José para que viera cómo se encontraban.

Lo vieron llegar de lejos, distinguiéndolo por una bonita túnica de colores que había sido de su padre y que éste le había regalado.

—Ahí viene el soñador. Vamos a matarlo y veremos en qué quedan sus fantasías —tramaron.

El hermano mayor, Rubén, con intención de salvar su vida les propuso arrojarlo a un pozo seco. Ellos aceptaron. Cuando llegó José lo despojaron de la túnica y lo echaron al pozo.

Rubén se alejó para vigilar el rebaño y al cabo de unas horas se acercó al pozo con la intención de sacar a José y mandarlo de vuelta sano y salvo a su casa. Pero no estaba allí. Furioso y apenado fue a donde estaban sus hermanos.

—¿Qué habéis hecho con José? —les preguntó.

Le contaron que mientras estaban comiendo vieron una caravana y Judá propuso venderlo como esclavo en vez de dejarlo morir. Y así lo hicieron, entregándolo por veinte monedas de plata a aquellos mercaderes que se dirigían a Egipto.

A su padre, Jacob, le mandaron la túnica manchada con la sangre de un cabrito, haciéndole creer que una fiera lo había devorado. Lo lloró como muerto y hasta muchos años después no conocería la verdad.

(Génesis 37)

José y los sueños del Faraón

LOS mercaderes vendieron a José al llegar a Egipto y el comprador fue el jefe de la escolta del faraón. Gracias a su laboriosidad, rectitud y honestidad, su amo lo nombró mayordomo de su casa y administrador de todos sus bienes.

Desgraciadamente fue víctima de una calumnia y encerrado en la cárcel.

Dos compañeros de celda, que habían sido servidores del faraón, le contaron a José unos sueños que habían tenido y José los interpretó anunciándoles la pronta salida de la cárcel. A los pocos días ambos fueron liberados. Uno de ellos era el copero del faraón.

Pasó el tiempo y un día avisaron a José que el faraón requería su presencia porque había tenido un sueño y no pudiendo explicarlo ninguno de sus magos, el copero, antiguo compañero de cárcel, se había acordado de José.

Luego de haberse aseado fue conducido al palacio y escuchó el doble sueño del faraón. No sólo lo interpretó, sino que también le aconsejó acerca de lo que debía hacer:

—Las siete vacas gordas que salían del Nilo y las siete espigas granadas, significan siete años seguidos de abundantes cosechas. Las siete vacas flacas y las siete espigas sin grano que devoran a las gordas significan otros tantos años de malas cosechas y hambre en todo el Imperio. Mi consejo es

que nombres un varón inteli-
gente y honrado que administre el
país. El faraón le ordenó que se pusiera al
frente de Egipto convencido de su inteligencia.
Sólo él tenía más autoridad que José.

Con el tiempo contrajo matrimonio y tuvo dos hijos,
Manasés y Efraín.

(Génesis 39-41)

José reconoce a sus hermanos

LOS años del hambre, el tiempo de las vacas flacas, llegó también a la tierra de Canán. Jacob supo que en Egipto había trigo y mandó a sus hijos a comprar. Cuando llegaron allí José los reconoció inmediatamente, pero ellos a José no. Fingió que los tomaba por espías extranjeros y los amenazó con la cárcel.

Para evitarla, ellos le contaron de dónde venían y también que tenían un hermano menor que se había quedado en Canán con Jacob, su padre. Como demostración de que no mentían José les exigió que le trajeran ese hermano menor que decían tener. Simeón se quedaría como rehén hasta que volvieran.

Les permitió que compraran trigo y los dejó marchar. Al llegar a Canán y descargar el trigo se encontraron con que dentro de los sacos estaba el dinero con que lo habían pagado.

Tuvieron que volver acompañados de Benjamín. También llevaron el dinero encontrado entre el trigo.

José les obsequió con un gran banquete y, en secreto, ordenó a su mayordomo que metiera en el saco de Benjamín la copa de plata que él mismo usaba, y también que volviera a meter el dinero en los sacos, como la vez anterior.

Salían ya de la ciudad con los jumentos cargados cuando les dio alcance el mayordomo con la orden de detenerlos por ladrones. Registró los sacos y en el de Benjamín apareció la copa de José. Volvieron a la presencia de éste. Con dureza les dijo que el ladrón tenía que quedarse en la cárcel.

Ante la expresión de sus rostros José no pudo resistir más y llorando de alegría los abrazó, revelándoles quién era y que no temieran por lo que años atrás habían hecho con él.

(Génesis 42-45)

La familia se traslada a Egipto

JOSÉ despidió a sus hermanos con el encargo de que le dijeran a su padre que dejara Canán y se trasladara con toda su familia a Egipto, enviándole abundantes víveres y ricos presentes. Para facilitar el traslado de la familia, enseres y ganado les dio también carros. Les aseguró que en Egipto tendrían campos de suelo fértil y abundantes pastos para el ganado.

Jacob sintió una inmensa alegría cuando sus hijos le contaron el reencuentro con José, exclamando:

—¡Mi hijo José aún vive! Iremos y así podré abrazarlo antes de morir.

Se organizó la caravana y emprendieron el viaje. La componían unas setenta y cinco personas. Antes de iniciar la partida Jacob ofreció sacrificios para saber si era voluntad de Dios que abandonara Canán. Y escuchó su voz que le decía:

—¡No temas viajar a Egipto! Allí te harás una gran nación. Iré contigo y te acompañaré en el regreso.

Jacob mandó por delante a Judá para que avisara a José, quien salió a su encuentro en una espléndida carroza. Se fundieron en un tierno y emocionado abrazo en el que derramaron lágrimas de alegría.

José presentó a su padre y hermanos al faraón, quien les dijo que toda la tierra de Egipto estaba a su disposición; que asentara a su familia en Gosen, que era la mejor zona del país.

Tiempo después murió Jacob y en cumplimiento de una promesa lo llevaron a enterrar a Canán.

(Génesis 46-50)

Moisés

MURIÓ José. Fueron pasando años y siglos. Se sucedieron unos faraones a otros. Y el pueblo de Israel ya no recibía favores. Al contrario. Un faraón pensó que la numerosísima descendencia de aquella raza podía ser un peligro para Egipto.

Por ello sometió al pueblo de Israel a la esclavitud; lo empleó en los trabajos más pesados, y ordenó que los niños varones fueran eliminados al nacer.

Una mujer de la tribu de Leví tuvo un hijo. Era hermoso. Lo ocultó durante tres meses; pero no podía continuar con él sin ser descubierta.

Preparó una canastilla tejida con juncos y papiro; la recubrió de pez, puso en ella a su niño, y la dejó en un juncal a orillas del Nilo. La hermanita del niño vigilaba desde lejos.

Bajó la hija del faraón a bañarse al río y divisó a lo lejos la cestilla. Mandó a sus criadas que la trajeran. Al abrirla se encontró con el niño que se puso a llorar. Le dio pena, y pensó que debía ser un hijo de los hebreos. La hermanita se acercó y le preguntó a la hija del faraón:

—¿Quieres que te busque una nodriza hebrea para que te críe al niño?

—¡Sí, búscala!

Y la hermanita fue corriendo a avisar a su madre. La hija del faraón le pidió que lo criara, y que le pagaría por ello.

Cuando el niño estuvo criado la mujer lo llevó a la hija del faraón. Lo tomó como hijo y le puso el nombre de Moisés, que significa salvado de las aguas.

Moisés creció y se educó en la corte. Cuando se hizo mayor visitaba a los de su raza y se dolía de los malos tratos que recibían. Un día, por defender a un israelita, mató a un egipcio y lo enterró en la arena. El faraón se enteró. Moisés tuvo miedo y huyó.

(Éxodo 1; 2)

La Zarza Ardiente

EN su huida Moisés llegó al desierto de Madián, donde se refugió. Allí se casó con una hija de Jetró y se hizo pastor de ovejas.

A lo largo del tiempo murió el rey de Egipto. Los israelitas seguían gimiendo bajo la esclavitud y sus lamentos llegaron hasta el cielo. Dios tenía presente su pacto con Abraham, Isaac y Jacob.

Andaba Moisés con el ganado por las faldas del cerro Horeb y a cierta distancia distinguió el brillo de una zarza que estaba ardiendo y, a pesar de ello, no se consumía. Asombrado se acercó a ver qué era. Una voz lo detuvo:

—¡No te acerques y descálzate porque el suelo que pisas es sagrado!

Comprendió que era Dios quien le hablaba. Se cubrió el rostro con las manos y escuchó reverente:

—Dirígete al faraón porque quiero que saques a mi pueblo de Egipto y lo conduzcas a Canán. Yo estaré a tu lado. Reúne a los ancianos de Israel y diles que te envía el Dios de vuestros padres.

—¿Y si no me creen? —preguntó Moisés.

Dios le dio poder para hacer milagros con su cayado y así demostrar a su pueblo y al faraón que era Él quien lo enviaba. También le dijo que su hermano Aarón le serviría de vocero.

(Éxodo 3; 4)

Las diez plagas

MOISÉS y su hermano Aarón expusieron ante la asamblea de los ancianos el plan que Dios les había comunicado. El pueblo de Israel los creyó y recuperó de nuevo la esperanza de libertad.

Por el contrario, la primera entrevista con el faraón fue un fracaso total. No sólo se negó a dejar salir al pueblo de Israel, sino que le impuso trabajos más duros aún. El pueblo culpó a Moisés de su desgracia, por haberse enfrentado al faraón.

Moisés expuso sus quejas ante Dios, quien le dijo que previniera al faraón de las desgracias que le iban a sobrevenir si no cumplía sus deseos. Éste no hizo caso, por lo que Dios empezó a actuar por medio de Moisés.

Un día las aguas del Nilo, sus canales y charcas se tiñeron de sangre. Después las ranas cubrieron la región y la devastaron. Tiempo después los mosquitos se multiplicaron como el polvo. Posteriormente una plaga de tábanos hizo imposible la vida de todo el mundo.

Ante tanta desgracia parecía que el faraón iba a ceder. Moisés con su poder acabó con la plaga, pero nuevamente se le endureció el corazón al rey y de nuevo se negó.

Apareció una plaga que diezmó el ganado de los egipcios y los hombres se vieron cubiertos de úlceras pestilentes. El faraón seguía negándose tercamente. Una granizada destruyó las cosechas y una plaga de langosta arrasó totalmente los campos.

Ante cada calamidad el faraón llamaba a Moisés para darle el permiso de partida del pueblo de Israel, y cuando Moisés terminaba con la plaga, de nuevo le negaba el permiso.

El último castigo iba a ser terrible y el faraón tendría que ceder forzosamente.

(Éxodo 5-10)

Salida de Egipto

MOISÉS, por última vez y como portavoz divino, le dijo al faraón que seguía empeñado en su negativa actitud:

—A medianoche morirán en Egipto todos los primogénitos, desde el heredero del trono hasta el más humilde de los

esclavos, así como la primera cría de toda clase de ganado. Los hijos de Israel no serán dañados. Tu pueblo me rogará que salgamos de Egipto, y así lo haremos.

Previsoramente Moisés había dado instrucciones a los israelitas sobre lo que tenían que hacer esa noche: Cada familia sacrificaría un cordero o cabrito y con la sangre harían una marca o señal en las puertas de las casas; que nadie saliera a la calle; que asaran el animal sacrificado y lo comieran de pie, con todo preparado para iniciar la marcha y salir de Egipto.

La marca en las puertas sería la señal para que Dios no dañara ninguno de sus habitantes.

A medianoche la muerte visitó las casas de los egipcios. No había familia que no llorara algún muerto. Los egipcios estaban atemorizados por los numerosos fallecimientos y pidieron a los israelitas que se fueran. El faraón llamó a Moisés y a su hermano y les ordenó que saliera de Egipto todo el pueblo de Israel.

(Éxodo 11-13)

Paso del Mar Rojo

LA desordenada multitud de israelitas que abandonó Egipto acampó en el borde del desierto cuando se cumplía la primera jornada. Una nube con forma de columna los cubría permanentemente de día, dándoles sombra, y durante la noche los iluminaba. Era la protectora presencia de Dios extendida sobre los viajeros. En dos jornadas más llegaron a las orillas del mar Rojo.

El faraón se dio cuenta de que había dejado partir un pueblo de esclavos que le rendían importantes servicios y se arrepintió de haberlo permitido, por lo que decidió darles alcance para obligarles a regresar a Egipto.

Se puso al frente de un ejército de seiscientos carros de guerra con sus mejores oficiales, sacó la numerosa caballería, además de la tropa en los transportes de combate. La persecución se inició a toda marcha. El estruendo de los carruajes y la polvareda que levantaban se podía apreciar desde lejos en el desierto.

Los israelitas los vieron avanzar y el

temor se apoderó de ellos. Tenían algunas armas, pero no eran guerreros expertos. Clamaron a Dios y se quejaron ante Moisés por haberlos sacado a morir en el desierto, pues el mar Rojo les impedía proseguir su huida.

Moisés les dijo que no temieran, que se quedaran tranquilos e inmediatamente verían de qué portentosa forma lograban la salvación. Extendió una mano y un viento fuerte empezó a soplar abriendo el mar y separando las aguas, dejando un paso seco. El pueblo podía cruzarlo a pie, sin mojarse.

El ejército del faraón los siguió, penetrando en el lecho seco del mar. Cuando los israelitas acabaron de pasar a la otra orilla Moisés extendió de nuevo la mano, cesó el viento y las aguas volvieron a su nivel, pereciendo en ellas el faraón y todos sus soldados, jinetes y caballos.

El pueblo de Israel lo presenció desde la otra orilla del mar Rojo y por boca de Moisés entonó un canto triunfal a Dios Todopoderoso.

(Éxodo 14)

Hacia el Sinaí

LLEVABAN ya unos dos meses atravesando el desierto. La comida y el agua habían empezado a escasear y añoraban la carne y el pan de Egipto, sin acordarse de que los habían comido en esclavitud. Y empezaron las murmuraciones contra Moisés y Aarón.

Dios acudió de nuevo en su ayuda y les aseguró que aquella tarde comerían carne y que a la mañana siguiente tendrían pan. Una bandada enorme de codornices, en su vuelo migratorio estacional, se posó en el campamento y aquella noche pudieron comer carne. A la mañana siguiente todo apareció cubierto por una especie de rocío que al evaporarse dejaba unos granos o copos blancos con gusto muy parecido al del pan.

—«¿Man-ha?» (¿Qué es?) —se preguntaban.

—Es el pan que Dios nos da para alimento —les comunicó Moisés.

Mientras cruzaron el árido desierto, cada mañana los israelitas recogían este alimento divino o «man-ha»; pero solamente la cantidad que iban a necesitar para la jornada.

Acampada tras acampada, de oasis en oasis, el pueblo se iba acercando a las montañas del Sinaí. Por las tardes Moisés, cuando se detenían, se sentaba para escuchar y resolver los pleitos que se producían entre las gentes del pueblo.

Un día los amalacitas atacaron a los israelitas. A la mañana siguiente y por orden de Moisés, Josué salió a combatirlos al frente de un grupo de hombres. Moisés subió a lo alto de un cerro para orar por la victoria de su pueblo. Mientras permanecía en oración con los brazos en cruz, Josué vencía, pero cuando los bajaba por cansancio físico ganaban los amalacitas. Sus acompañantes, Aarón y un mensajero, se dieron cuenta de esta circunstancia y le sostuvieron los brazos extendidos hasta que los amalacitas fueron definitivamente derrotados. Se cumplía el tercer mes de la salida de Egipto cuando los israelitas llegaron a las laderas del monte Sinaí.

Dios ordenó a Moisés que subiera a la cumbre porque quería hablarle.

(Exodo 16; 17)

Los Diez Mandamientos

UNA vez que Moisés estuvo en lo alto del Sinaí le hizo conocer su mensaje para que lo trasmitiera al pueblo:

—Si escucháis mi voz y estáis dispuestos a obedecerla, seréis mi pueblo y os constituiré en una nación santa.

Al oír lo que Dios proponía el pueblo contestó:

—¡Haremos cuanto Dios nos diga!

Muy de mañana hubo relámpagos y truenos, una oscura y densa nube cubría el cerro, en el que se escuchaba entre el fragor de los truenos como un sonido de trompetas. Dios ordenó que Moisés se adentrara en la nube y subiera a la cumbre, pero que el pueblo no traspasara los límites marcados porque el que lo hiciera moriría de inmediato.

Moisés escribió en el Libro de la Alianza todo lo que Dios le había dicho. Luego levantó un altar e hizo sacrificar varios novillos. A continuación leyó lo escrito en el Libro de la Alianza y el pueblo respondió:

—¡Haremos y obedeceremos todo lo que ha dicho Dios!

Entonces Moisés, con el resto de la sangre de los novillos roció al pueblo y al Libro, mientras decía:

—Ésta es la sangre de la Alianza que Dios ha establecido con vosotros, sobre todas estas palabras.

Así quedó sellado el pacto entre Dios y el pueblo de Israel.

(Éxodo 19; 20; 24, 3-8)

El Becerro de Oro

DE nuevo llamó Dios a Moisés a la cumbre del Sinaí. Allí permaneció durante cuarenta días con sus noches, recibiendo explicaciones más detalladas sobre los Diez Mandamientos. Dios le dictó leyes civiles para el gobierno del pueblo; estableció las fiestas y todos los elementos del culto; incluso indicó cómo tenían que ser las vestiduras sacerdotales.

Le dio instrucciones para construir un templo desmontable, con telas sobre bastidores. Le dijo que el Arca de la Alianza tenía que ser una arqueta de madera de acacia revestida de oro, en la que pondría el Libro de la Alianza y las dos tablas de piedra que le iba a dar; cómo tenía que ser el candelabro de los siete brazos; el altar de los sacrificios; dimensiones del templo; etc.

El pueblo se cansó de esperar en las faldas del cerro y creyó que Moisés ya no regresaría. Empezaron a sentirse abandonados por éste y por Dios. Hablaron con Aarón y acordaron hacerse un dios, como hacían otros pueblos.

Entre todos aportaron joyas, monedas y objetos de oro; lo fundieron todo junto e hicieron un becerro de oro, al que adoraron.

—¡Éste es el dios que nos sacó de Egipto! —exclamaban danzando alrededor del altar que le habían levantado.

Moisés, cuando bajó de la cumbre llevando las dos tablas de piedra en las que estaba escrito el Decálogo, se enteró de lo que sucedía y de rabia las estrelló contra el suelo haciéndolas pedazos. Derribó y trituró el becerro, convirtiéndolo en polvo que, mezclándolo con agua, hizo tragar al pueblo.

Dios también se encolerizó profundamente al ver que habían quebrantado el pacto, en tal grado que estaba decidido a destruirlo, pero Moisés intercedió ante Él suplicándole paciencia y misericordia para su pueblo.

(Éxodo 24, 12-18; 25; 32)

El Pueblo Errante

MOISÉS aplacó la ira de Dios, producida por lo del becerro de oro. De nuevo subió al Sinaí con dos tablas de piedra preparadas y regresó con ellas escritas.

El pueblo, ya arrepentido, colaboró en la construcción del templo portátil. En la fiesta de su consagración Moisés revistió y ungió a Aarón como Sumo Sacerdote; y la nube, símbolo de la presencia de Dios, descendió hasta cubrir el templo.

Como dos años permaneció el pueblo de Israel al pie del Sinaí. Dios mandó que se desmontara el templo y se levantara el campamento para reanudar el camino.

De acampada en acampada se desplazaron por el desierto. Si la nube permanecía fija sobre el templo, el campamento no se movía; cuando la nube se elevaba, era la señal para ponerse en marcha.

La dureza del desierto producía descontento en el pueblo. Las quejas contra Moisés eran frecuentes. Dios se sentía ofendido por ello, y unas veces los castigaba; otras, les hacía favores milagrosos.

En una de las acampadas estaban sin agua. El pueblo reunido preguntó a Moisés y Aarón:

—¿Por qué habéis conducido al pueblo escogido del Señor al desierto, para que muramos nosotros y también nuestros ganados? ¿Por qué nos hicisteis salir de Egipto y nos habéis traído a este miserable terreno, que no se puede sembrar y que ni siquiera tiene agua para beber?

Moisés clamó al Señor. Después de aparecer ante él, le dijo:

—Golpea con tu vara en una roca y brotará agua para que pueda beber todo el pueblo y también sus ganados.

Y Moisés, siguiendo la voluntad de Dios, así lo hizo y toda la gente pudo saciar su sed.

(Éxodo 34; 35; 40; Números 16; 20)

Muerte de Moisés

SE acercaban ya a la Tierra Prometida. El pueblo de Israel era ahora una población renovada, nacida y criada en el desierto. La mayor parte de los que habían salido de Egipto habían muerto. Y todos tenían que morir antes de entrar en la tierra de Canán, excepto Josué. Ni Moisés ni Aarón se salvarían de esta decisión tomada por Dios, en castigo por la falta de fe, la idolatría y por otros pecados del pueblo.

Dios invitó a Moisés a que contemplara desde la cumbre de un cerro la tierra que había prometido dar a los descendientes de Israel.

—Después de verla morirás, como ya murió tu hermano Aarón —le dijo.

En efecto, hacía ya algunos años que Aarón había muerto en las alturas de Hor. Su hijo Eleazar asumió las funciones de Sumo Sacerdote.

Moisés, ante la proximidad de su muerte, pidió a Dios que designara un varón de espíritu fuerte, para acaudillar a su pueblo. Dios le respondió que cuando bajara al campamento

pusiera su mano so-
bre Josué y luego de
presentarlo al sacer-
dote Eleazar y a todo
el pueblo, le entrega-
ra, en presencia de
todos, la autoridad.

Así lo hizo Moisés.
Después se despi-
dió, no sin an-
tes recordar a
toda la comu-
nidad de Is-
rael la gran-
deza del po-

der de Dios, y el honor que les había concedido de ser su Pueblo Elegido. Les reprochó sus idolatrías y les advirtió de los
castigos que recibirían si no eran fieles a un Dios tan santo
y tan poderoso. Terminó dando su bendición a cada una de
las tribus de Israel.

Luego, solo, subió a la cima de la montaña de Nebó, desde donde contempló, con el valle del Jordán a sus pies, Palestina, la Tierra Prometida, y allí murió. Nadie supo dónde fue
enterrado.

(Números 20; 27; Deuteronomio 32-34)

Josué

EN tiempos de Moisés los israelitas habían conquistado la mayor parte de las ciudades situadas al este del Jordán.

La fama del poderoso Dios que los guiaba había pasado hasta la otra orilla del río.

Josué envió dos espías para que examinaran las defensas de Jericó y trajeran informes de su comarca. Después de vadear el río y entrar en la ciudad se hospedaron en la posada de una mujer llamada Rajab. Los guardias de Jericó descubrieron la presencia de los dos israelitas e iniciaron su búsqueda para capturarlos. Rajab los ocultó en la terraza de su casa entre gavillas de lino. A los guardias les dijo que, en efecto, sí que habían estado en su casa, pero que al anochecer, se habían marchado.

Cuando los guardias se fueron para darles alcance, Rajab se reunió con los espías y les dijo que la ciudad estaba atemorizada porque sabían que el Dios de los israelitas les había prometido el país de Canán. Luego les pidió que cuando conquistaran la ciudad respetaran su vida y la de su familia, en pago de la ayuda que les había prestado.

La posada estaba adosada a la muralla y tenía una ventana que la atravesaba. Avanzada la noche Rajab ayudó a los espías a descolgarse por el muro. Estos le dijeron que pusiera en la ventana un pañuelo rojo de señal para que se respetara la vida de los que moraban en aquella casa.

De regreso en el campamento se presentaron a Josué y le contaron todo en un informe claramente optimista: «La gente está aterrorizada y no opondrá resistencia al asalto».

(Números 21, 21-35; 32; Josué 1-2)

Caída de Jericó

ALGUNOS días después los israelitas levantaron el campamento de Sittin para emprender la marcha definitiva hacia Jericó, para lo cual tenían que cruzar el Jordán. Era primavera y el río corría desbordado por ambas riberas. Permanecieron tres días en la orilla esperando. Las órdenes llegaron por fin y los sacerdotes se echaron sobre los hombros los varales del Arca de la Alianza y empezaron a meterse en la corriente. Inmediatamente ésta se cortó quedando detenida aguas arriba. Los sacerdotes esperaron al pie del muro de agua hasta que pasó todo el pueblo. Se retiró el Arca y el Jordán volvió a ser río de abundantes aguas.

Ante la llegada de los israelitas la ciudad de Jericó se cerró dentro de sus murallas y desde lo alto de la misma contemplaba la llegada. Todo el pueblo de Israel dio una vuelta a Jericó rodeando las murallas y volvieron al campamento. Así lo hicieron durante seis días.

Al séptimo día, al amanecer y en silencio, dieron una vuelta, y luego otra, y otra ante el asombro de los centinelas de las murallas. A la séptima vuelta Josué dio la orden:

—¡Gritad!, ¡Dios os ha entregado la ciudad!

Sonaron las trompetas y el pueblo enardecido estalló en un griterío ensordecedor. Tembló la tierra y las murallas se derrumbaron. Por los portillos abiertos en los muros invadieron la ciudad pasando a cuchillo a todos sus habitantes, excepto Rajab y su familia que se salvaron en cumplimiento de la promesa que les habían hecho los espías israelitas.

(Josué 3; 4; 6)

Sigue la conquista de la Tierra Prometida

JOSUÉ ordenó a tres mil hombres que subieran a conquistar la ciudad de Hai, que según los informes de los espías serían suficientes soldados, pero regresaron derrotados y con muchas bajas. Josué, desconcertado, acudió a Dios y Él le aclaró que en la conquista de Jericó había dado la orden de que nadie tomara nada en propiedad, que no hubiera robo ni saqueo. Alguien robó plata y oro. En castigo a esta desobediencia Dios había permitido la derrota en Hai. Cuando fue descubierto el ladrón fue lapidado por el pueblo.

Se organizó una nueva expedición y Josué ordenó que una parte del ejército se emboscara, aprovechando la noche, al norte de la ciudad. Al frente del resto del ejército Josué se dejó ver en el sur. Inmediatamente salieron a presentarle batalla los sitiados y Josué, siguiendo su plan, simuló salir huyendo siendo perseguido por el enemigo. Fue en ese momento cuando los emboscados al norte penetraron e incendiaron la ciudad. Cuando, desde lejos, Josué vio levantarse las columnas de humo volvió sobre sus pasos y contraatacó atrapando a los haititas entre dos fuegos, consiguiendo una victoria total.

Los habitantes de la vecina ciudad de Gabaón, atemorizados, consiguieron con una astuta mentira que Josué prometiera bajo juramento que les permitiría vivir en paz con los israelitas. Cinco reyes de pequeños estados vecinos se unieron para atacar Gabaón por haber pactado con los israelitas, pero pronto fueron derrotados por Josué. Con esta victoria conquistaba una gran parte de la Tierra Prometida.

(Josué 7-10)

Gedeón

DESPUÉS de más de cuarenta años de vida errante por el desierto a los israelitas no les fue fácil adaptarse a la vida sedentaria de las ciudades. Tuvieron que aprender de nuevo los diversos oficios, así como las prácticas de la agricultura.

Cuando los israelitas eran sometidos por sus enemigos se acordaban y retornaban a Dios pidiéndole ayuda, ayuda que les daba promoviendo o destacando algún humilde guerrero, al que ponía al frente del pueblo. Eran los llamados jueces.

Uno de estos jueces fue Gedeón.

Aunque al principio se resistió a la llamada de Dios, al final aceptó salir a combatir a los madianitas que estaban arruinando las cosechas de los israelitas, para lo que reclutó un numeroso ejército. Tan numeroso que Dios le dijo que lo redujera hasta que sólo quedaron trescientos guerreros.

—Quiero que quede bien claro que la victoria será mía y no vuestra —les dijo Dios.

Por la noche rodearon el campamento enemigo y entregó a cada uno de los guerreros una trompeta y un cántaro con una tea encendida dentro, precaución tomada para que no se viera la luz de las mismas. A una señal de Gedeón estrellaron los cántaros contra el suelo y tocaron las trompetas al tiempo que agitaban las antorchas. Los madianitas se despertaron espantados por el estruendo y quedaron deslumbrados por el fulgor de las antorchas, sembrándose tal desconcierto que se atacaron entre sí y emprendieron la fuga en desbandada.

Los madianitas ya no molestaron más al pueblo de Israel.

(Jueces 7; 8)

Sansón

POR su falta de fe los israelitas cayeron bajo el dominio de los filisteos y Dios designó a Sansón para que luchara contra ellos. Tenía una fuerza física extraordinaria.

En una ocasión les quemó las cosechas atando teas encendidas a la cola de zorras, soltándolas por los campos. Los filisteos supieron que había sido Sansón y salieron en su busca para matarlo. Éste les hizo frente con una quijada de asno como arma y les causó más de mil bajas.

Su mujer, Dalila, que era filistea, lo traicionó y cuando supo que el origen de su fuerza residía en su larga cabellera, esperó a que estuviera dormido para cortarle el pelo y dejar anulada su fuerza.

Los filisteos lo apresaron fácilmen-

te y en venganza le sacaron los ojos, condenándolo a dar vuel-
tas a una rueda de molino.

Algún tiempo después celebraron una fiesta en el templo
del dios Dagón. Para burlarse de él llevaron a Sansón, quien
en un descuido de sus guardianes pudo ponerse entre las dos
columnas que sostenían todo el edificio y, apoyando una
mano en cada una, pidió a Dios que le devolviera la fuerza.
En un esfuerzo inmenso separó los brazos y exclamó:

—¡Muera yo con todos los filisteos!

Con gran estrépito el edificio se derrumbó y aplastó a todos los reunidos, muriendo él también.

(Jueces 13-16)

93

Rut

DURANTE la larga época de los jueces hubo años de hambre. Elimelec, con su esposa Noemí, sus dos hijos y el resto de la familia emigraron a la región de Moab. Los hijos se casaron con dos muchachas moabitas, Orfa y Rut. Murió Elimelec y, años más tarde, también murieron sus dos hijos por lo que las tres mujeres se quedaron viudas.

Noemí dijo a sus nueras que se volvía al pueblo de sus padres; que ellas se buscaran nuevo marido, y trataran de ser felices.

Orfa, con lágrimas de pena, abrazó a su suegra y se despidió de ella.

Pero Rut suplicó a Noemí que le permitiera acompañarla:

—Iré a donde tú vayas; no me obligues a dejarte. Tu pueblo será mi pueblo, y tu Dios será mi Dios, —le aseguró.

Llegaron a Belén en el tiempo de la siega. Eran pobres y Rut, para poder comer no tuvo más remedio que ponerse a espigar detrás de los segadores.

Booz era el dueño del campo donde estaba Rut recogiendo las espigas que perdían los que segaban la cebada. Al acercarse al campo para ver cómo andaba la siega, vio a la joven que rebuscaba espigas sin descanso, y preguntó al mayoral quién era. Le dijo que era la nuera de Noemí que acaba de llegar a Moab. Booz se acercó y le dijo que podía espigar en sus campos y beber agua de los cántaros de sus peones. La invitó a comer con todos y cuando se levantó para continuar espigando, Booz dijo a sus segadores que dejaran caer espigas para ella.

Cuando Rut regresó a casa se lo contó todo a Noemí quien se alegró porque Booz era el pariente más próximo que tenía, y podría tomar a Rut por esposa.

Booz se casó con ella por sus buenos sentimientos. Rut dio a luz a Obed que fue el abuelo del rey David.

(Rut 1-4)

Vocación de Samuel

COMO Ana no tenía hijos suplicaba a Dios llorando que le concediera la gracia de concebir uno, con la promesa de que lo dedicaría a su servicio en el templo. Tiempo después nació Samuel.

Por aquel entonces el juez y Sumo Sacerdote de Israel se llamaba Helí y residía en Silo, porque era allí donde estaba el Arca de la Alianza. Sus hijos le ayudaban en el templo y, a pesar de las órdenes y consejos de su padre, cometían muchos abusos en el servicio de Dios y al pueblo.

Apenas Samuel empezó a andar Ana lo llevó a Helí, quien lo aceptó y lo puso a su servicio.

Una noche, mientras dormía, oyó una voz que lo llamaba por su nombre:

—¡Samuel! ¡Samuel!

—¡Aquí estoy, señor! —contestó acudiendo rápidamente donde estaba Helí. Éste le dijo que no lo había llamado y que volviera a la cama. Así ocurrió por tres veces y a la tercera Helí sospechó que era Dios quien lo llamaba y le dijo cómo tenía que responderle. Cuando de nuevo oyó su nombre, Samuel contestó:

—Habla, Señor, que tu siervo escucha.

Y Dios le manifestó los castigos que iba a aplicar a la casa de Helí por culpa de los abusos de sus hijos. Por la mañana se lo contó todo y Helí aceptó la voluntad de Dios.

Debido a que los filisteos tenían concentradas sus tropas para atacar Israel, el Consejo de Ancianos pidió que fuera llevada el Arca de la Alianza al campo de batalla para que Dios les diera la victoria. La transportaron los hijos de Helí y a lo largo de la batalla, como muchos otros, hallaron la muerte en la derrota, cayendo el Arca en poder de los filisteos. Helí, al recibir la noticia de la muerte de sus hijos, sufrió tal impresión que cayó de espaldas y murió también. Así se cumplió lo anunciado por Samuel.

Después de siete meses los filisteos devolvieron el Arca de la Alianza en en vista de las desgracias que causaba en sus ciudades.

(I Samuel 1-6)

Samuel, el último de los Jueces

LOS israelitas cuando recuperaron el Arca de la Alianza pensaron que con ella vencerían a los filisteos en las próximas batallas. Pasaron veinte años, pero no lograban triunfar. Samuel habló al pueblo para decirles cuál era la causa de sus derrotas:

—Apartad de vosotros a los dioses extranjeros, arrojad los ídolos y disponed vuestro corazón para servir a Dios. Sólo así os libraréis de los filisteos.

A propuesta de Samuel el pueblo se congregó en Masfa para celebrar una jornada de penitencia, con ayuno y oración. Los filisteos se enteraron de esta gran concentración y movilizaron el ejército para caer por sorpresa sobre la multitud. Los israelitas al saberlo se llenaron de pánico y pidieron a Samuel que no cesara de orar por ellos. Mientras ofrecía el sacrificio estalló una gran tormenta con relámpagos y truenos, que descargó sobre los enemigos, emprendiendo la huida. Los israelitas los persiguieron y obtuvieron la primera victoria en muchos años.

Durante la vida de Samuel se recuperaron algunas ciudades y hubo un largo período de paz. Cuando se hizo viejo creyó que sus dos hijos le tenían que suceder como jueces. Pero se reunieron los jefes de tribu para decirle que no aceptaban a sus hijos, sino que querían que les nombrara un rey, como lo tenían los otros pueblos. A Samuel la idea no le pareció buena porque sólo Dios era el Rey de Israel. Los jefes insistieron. Acudió a Dios, que le dijo: «Atiende su ruego». Samuel les pidió tiempo para pensar.

Días después convocó al pueblo en Masfa y presentó al rey. Era de buena presencia y destacaba por su estatura. Toda la gente exclamó: «¡Viva el rey!»

Samuel renunció a sus funciones de juez, y recordó al pueblo que Dios está por encima del rey.

(I Samuel 7; 8; 12)

Saúl, primer Rey de Israel

SAÚL iba buscando las burras de su padre que se habían extraviado cuando se encontró con Samuel.

Dios le manifestó que éste era el elegido para ser rey. Lo invitó a su casa a comer y le explicó el plan de Dios. Luego, tomando el vaso de óleo sagrado, lo ungió como rey.

Saúl no se consideraba ni digno ni capaz para gobernar a su pueblo. Después que, a regañadientes, fue presentado al pueblo en Masfa, se retiró a su casa sin mayor interés por la realeza.

Cuatro meses después los amonitas sitiaron la ciudad de Jabes-Galaad, con humillantes amenazas. Dieron la noticia a Saúl cuando llegaba del campo tras sus bueyes. Indignado y sintiéndose rey, convocó a todos los hombres capaces para la guerra. Trescientas mil personas se pusieron bajo sus órdenes, atacando a los amonitas por sorpresa y, los que no murieron, fueron dispersados.

Todo Israel se sintió entusiasmado con su rey. Samuel convocó al pueblo en Guilgal, y allí fue coronado en presencia del Señor.

En una ocasión, Saúl ofreció el sacrificio como si fuera el Sumo Sacerdote. Samuel se indignó por esta temeridad del rey y le profetizó que su dinastía terminaría con él.

Saúl hizo la guerra a todos los enemigos que le rodeaban y siempre los venció. Por medio de Samuel, Dios le mandó que destruyera a los amalacitas, y que no perdonara ninguna vida ni se quedara con ningún botín. El ataque fue victorioso; pero Saúl perdonó la vida del rey Agat y se guardó lo mejor del

ganado y de los trofeos. Entonces fue cuando Saúl fue rechazado por Dios.

(I Samuel 9-11; 13; 15)

David y Goliat

DAVID era el menor de los hijos de Jesé y Samuel, inspirado por Dios, lo había ungido para que fuera el nuevo rey.

Saúl cayó enfermo de una tristeza que le impedía tener sosiego y le aconsejaron que escuchase música como remedio a su mal. David era conocido por su arte en tocar el arpa. Por esto fue llamado a la corte de Saúl. El rey se quedó prendado de las cualidades del muchacho.

Además de delei-
tarse escuchando
su música lo tomó
como escudero.

Los filisteos reor-
ganizaron su ejército
y fueron a atacar a Is-
rael. Estaban ambos
ejércitos frente a
frente. Del bando fi-
listeo se adelantó
Goliat, un soldado
gigante, y retó a que
saliera un israelita a

pelear contra él. Todos se atemorizaron, pero David
convenció a Saúl para que le permitiera salir. Tomó su cayado
de pastor; puso en el zurrón cinco guijarros del torrente y,
con la honda en la mano, salió al encuentro de Goliat. Cuando estuvo a buena distancia, puso un guijarro en la honda;
restalló un trallazo en el aire y Goliat cayó desplomado. Le
había dado en la frente. Corrió David y con la espada del mismo Goliat le cortó la cabeza. El ejército filisteo se batió en
retirada. Saúl los persiguió y consiguió una nueva victoria.

David empezó a ser famoso. Jonatán, el hijo mayor de
Saúl, lo tomó por su mejor amigo y este último lo puso al
frente de una parte de su ejército.

(I Samuel 16; 17; 18, 1-5)

Saúl envidia a David

LOS éxitos militares de David le dieron mucha po-
pularidad. Cuando regresaba de alguna incursión
contra los filisteos, las mujeres lo recibían danzando y can-
tando. Esto irritaba mucho a Saúl y empezó a tenerle tanta
envidia que quiso matarlo. Por dos veces, estando David ta-
ñendo el arpa para calmar su melancolía, le arrojó la lanza
para atravesarlo, pero esquivó el golpe en ambas oportunidades y huyó de su presencia.

Se entrevistó con su amigo Jonatán para contárselo todo.
Jonatán le prometió que intercedería por él ante su padre y
según viera sus intenciones, se lo haría conocer. En la fiesta
de luna nueva Saúl acostumbraba cenar con sus jefes militares. Allí estaba Abner y Jonatán; pero faltaba David. Preguntó por él y Jonatán intentó justificar su ausencia. Saúl
se encolerizó y le dijo a su hijo que fuera a buscarlo

porque era reo de muerte. A la mañana siguiente avisó a David para que huyera y se ocultara.

David empezó una vida errante escondiéndose en las ciudades y en el desierto. Se le unieron sus hermanos y otros descontentos o en situación apurada. Al frente de aquella partida de unos cuatrocientos hombres, unas veces guerreó contra los filisteos y amalaquitas; en otras ocasiones tuvo que pactar con ellos para ocultarse.

Saúl, tan pronto como se enteraba de por dónde andaba David, organizaba expediciones para darle muerte pero siempre pudo escabullírsele. En dos ocasiones David estuvo tan cerca de Saúl que en una le cortó la orla de su manto en el fondo de una cueva, y en la otra le robó la lanza en su propia tienda de campaña. Pudo matarlo y no quiso hacerlo porque era su rey.

Saúl y Jonatán murieron un día luchando contra los filisteos.

(I Samuel 18-31)

David reina en Jerusalén

DAVID, después de llorar la muerte de Saúl y Jonatán, subió a Hebrón, y allí fue proclamado rey de Judá. Durante siete años hubo luchas entre los partidarios de David y los de Isboset, hijo menor de Saúl, a quien Abner, con el poder militar, había proclamado rey de las otras tribus. El convencimiento de que David era el rey querido por Dios hizo que Abner cediera para que se produjera la unidad.

Los jebuseos estaban orgullosos y seguros dentro de los muros inexpugnables de Jerusalén. David la había escogido para que fuera la capital de la nación. La conquistó y estableció en ella su morada y el gobierno del país. Más adelante trajo el Arca de la Alianza al pabellón que le preparó. Así empezó Jerusalén a ser también el centro de culto del pueblo de Israel, la ciudad santa de Dios.

Después de muchos años de guerra fue borrado el poder de los filisteos, y se concertó la paz con las otras naciones vecinas. Con David se cumplió la promesa, hecha siglos antes a Abraham, de que Canán sería la tierra del Pueblo Elegido.

David fue un hombre honesto; fiel siempre a la voluntad de Dios; de corazón grande para amar y perdonar. Pero también cometió un grave pecado. Mandó que un general de su ejército fuera puesto, durante una batalla, en el ala más peligrosa del combate para que lo mataran, y así quedara viuda la mujer que quería. Después lloró y purgó por su pecado.

Absalón, el hijo preferido de David, originó una guerra civil al proclamarse rey de Hebrón impulsado por su propia vanidad y mal aconsejado. Tiempo más tarde las milicias de David derrotaron a las de Absalón, quien al huir al galope en un mulo halló la muerte al enredarse su poblada cabellera de las ramas de una encina. Sin poder evitarlo, los lanceros que venían detrás de él lo atravesaron. David lloró la muerte de su hijo con tales muestras de dolor que nadie se atrevió a celebrar la victoria.

(II Samuel 2; 5-18)

Salomón

DAVID era anciano y además estaba enfermo.

El profeta Natán sabía cuáles eran los deseos de Dios y del rey, y le comunicó que Adonías, hijo mayor de David, intentaba derrocarlo. David ordenó inmediatamente que otro hijo suyo, Salomón, fuera ungido rey y que se sentara en su trono. Le dio los consejos oportunos y poco después murió. Salomón se consolidó en el trono y se casó con la hija del faraón de Egipto. Con este matrimonio Israel ganó renombre y respeto ante las otras naciones.

Dios había dado a Salomón mucha sabiduría. Un día se presentaron ante él dos mujeres que vivían juntas. Una con un niño muerto en los brazos, y la segunda con otro niño vivo. Las dos reclamaban como propio al niño vivo. Después de escucharlas Salomón mandó a un soldado que, con la espada, partiera en dos al niño vivo, y que diera una mitad a cada una. Se postró suplicante ante el rey una de ellas y le dijo: «Antes de que lo mates prefiero que se lo lleve la otra».

Así Salomón supo cuál de las dos era la madre del niño.

Con sus muchas riquezas construyó un espléndido palacio, amplió las murallas de Jerusalén y, sobre todo, edificó el

templo. Cuando estuvo termina-
do convocó a todo el pueblo de
Israel para trasladar el Arca de
la Alianza a su lugar definitivo.

Salomón terminó mal su vida.
Se apartó de los mandamientos
de Dios y edificó templos a dioses paganos. Dios le retiró su
bendición y la unidad nacional
de Israel se rompió.

(I Reyes 1; 3; 6; 7; 8; 11)

División del reino

JEROBOÁN era un hombre honesto y valiente por lo que Salomón lo puso al frente de su escolta personal. Un día le profetizaron que el reino de Salomón se dividiría en dos en castigo de sus idolatrías, y que a él le tocaría reinar sobre diez tribus. Más adelante tuvo que huir a Egipto.

Muerto Salomón, su hijo Roboán marchó a Siquem donde el pueblo lo proclamaría rey. Después de coronarlo, tanto Jeroboán, que había sido hecho venir para la ceremonia, como el pueblo entero pidieron al nuevo rey que atenuase la servidumbre a que los había sometido su padre, a lo que él, siguiendo el consejo de los jóvenes, respondió con dureza, diciéndoles que si su padre, Salomón, los había castigado con azotes, él lo haría con escorpiones.

Como consecuencia de tanta injusticia el pueblo se sublevó, mató al recaudador de impuestos y proclamó rey a Jeroboán en Siquem. Le siguieron las diez tribus del norte, cumpliéndose así la profecía.

En Jerusalén se mantuvieron fieles a Roboán la pequeña tribu de Benjamín y la de Judá. Ésta organizó su ejército para ir a pelear contra sus hermanos de Israel y rehacer así la unidad. Desistieron porque un profeta les dijo que aquella división era cosa de Dios.

Jeroboán fortificó Siquem para reinar desde allí, haciendo construir dos templos para sustituir el grandioso templo de Jerusalén, en Betel y Dan, en los que implantaron la idolatría adorando una estatua en forma de toro en lugar del Dios verdadero. Estando un día quemando incienso en el altar de Betel llegó un enviado de Dios, proclamando a grandes gritos que un descendiente de David sacrificaría sobre él a todos los sacerdotes. Al punto el altar se partió y la ceniza grasa se derramó, en señal de que había hablado en nombre de Dios.

El reino de Israel, que perduró durante doscientos cincuenta años, acabó con Oseas. Durante su reinado el rey de Asiria, Salmanasar, conquistó Samaria, se llevó cautivos a todos sus habitantes y la repobló con gentes de otras tierras.

(I Reyes 11, 28-40; 12; 13, 1-5; II Reyes 17)

Elías

EN tiempos de Ajab y Ococías, reyes de Israel, Dios habló por medio del profeta Elías. Ajab ofendió a Dios más que todos los reyes anteriores y Elías se presentó ante él para anunciarle que como castigo no llovería durante varios años.

Ajab consintió que su mujer Jezabel mandara matar a todos los profetas de Israel. Elías tuvo que huir y ocultarse en las quebradas de un torrente, al otro lado del Jordán. Los cuervos le traían pan y carne para comer.

Al tercer año Dios mandó a Elías que se presentara a Ajab, porque ya iba a mandar la lluvia. Para demostrar de forma terminante cuál era el verdadero Dios, Elías propuso que dieran un toro a los sacerdotes de Baal, y otro a él; que prepararan los altares con leña en el monte Carmelo pero sin fuego y el toro troceado encima. El dios que responda con fuego para encender la leña será el verdadero Dios.

Los sacerdotes de Baal prepararon todo y empezaron a cantar y a danzar en torno al altar invocando a su dios.

—¡Gritad más, tal vez Baal duerme! —les decía Elías.

Acabaron extenuados sin conseguir nada.

Elías reparó el altar de Dios, que había sido derruido, con doce piedras, puso la leña y colocó encima la carne del toro. Luego ordenó que derramaran cántaros de agua sobre la ofrenda. Invocó a Dios y al instante bajó fuego del cielo que consumió todo. El pueblo se postró exclamando:

—¡Éste es el Dios verdadero!

Luego apresaron y mataron a los sacerdotes de Baal.

(I Reyes 17; 18, 1-30)

El carro de fuego

MIENTRAS Ajab comía, Elías se subió a la cumbre del Carmelo. Mandó a su criado que estuviera mirando hacia el mar mientras él oraba. Al rato dijo el criado que se divisaba una nubecilla en la lejanía. Elías le ordenó que avisara a Ajab para que emprendiera el viaje de regreso antes de que se lo impidiera la lluvia. Al poco rato se cubrió el cielo con nubes traídas por el viento, y empezó a llover en abundancia.

Jezabel, la esposa de Ajab, se enteró de la matanza de los sacerdotes de

Baal y juró que mataría a Elías. De nuevo Elías tuvo que huir hacia el desierto y, alimentado milagrosamente, tuvo fuerzas para llegar hasta la montaña de Horeb.

Allí permaneció en una cueva hasta que Dios le habló. Lo mandó a Damasco donde debía ungir al rey de Siria, al rey de Israel, y buscar a Eliseo para que fuera profeta en su lugar. En el camino se encontró con Eliseo que estaba arando y le echó al pasar el manto encima. Eliseo, dejando los bueyes, se fue tras él, dedicándose a su servicio.

Cumplidos otros diversos encargos que Dios le fue dando, salió Elías de Jericó; cruzó milagrosamente el Jordán, en compañía de Eliseo, y andando por el camino pasó un carro tirado por caballos, todo de fuego; se subió a él y, así, en un torbellino de fuego subió Elías al cielo.

(I Reyes 18, 30-46; 19; II Reyes 2)

Eliseo

CUANDO Elías fue arrebatado al cielo en el carro de fuego se le había caído el manto. Eliseo lo recogió y, triste, emprendió el regreso a Jericó. La comunidad de profetas de esta ciudad pudo contemplar toda la escena desde la otra orilla del río, a donde había acudido para despedir a Elías. Cuando vieron que Eliseo golpeaba el agua con el manto plegado, como un rato antes lo había hecho Elías, y el Jordán se abría dejando un paso seco, comprendieron con alegría que el poder de Elías había pasado a su discípulo.

Eliseo caminó de una parte para otra del reino de Israel, promoviendo en el pueblo la fe y los preceptos de Dios. Los reyes le consultaban sobre los peligros de la guerra. Algunas veces se enfrentó a ellos.

Hizo muchos milagros.

El rey de Siria mandó a Naamán, general de su ejército, con una carta de presentación, al rey de Israel, para que le curara la lepra.

—¿Soy acaso Dios? —dijo el rey de Israel, rasgándose las vestiduras. Temía que, con esto, los sirios le tendieran una trampa.

Naamán tenía lepra y, una muchacha israelita que estaba al servicio de su mujer, le dijo que si acudía al profeta de Samaria, seguro que curaría.

Se enteró Eliseo de que el rey se había rasgado las vestiduras, y le mandó recado para que le enviara al leproso. Naamán acudió en su carroza con el cortejo de servidores a caballo, a la puerta de Eliseo. Éste ni salió de su casa; con el criado le dijo que bajara al Jordán, se lavara siete veces y quedaría sano. Naamán se enfadó; porque esperaba más atenciones por parte del profeta, y cosas más difíciles de realizar.

—¿No son mejores las aguas de Siria? —se decía. Y dio la orden de regresar a Damasco. Sus criados le dijeron:

—¿Si te hubiera mandado el profeta una cosa difícil, no la hubieras hecho? ¡Cuánto mejor, siendo fácil!

Fue al Jordán y se curó. Eliseo no aceptó ninguno de sus regalos.

(II Reyes 2-8)

Jonás

DIOS habló a Jonás: «Vete a Nínive, la gran ciudad, y predica en ella pues son muchos sus pecados». Mas el profeta, para huir del mandato de Dios, bajó a Jope, pagó el pasaje y se embarcó en un navío que zarpaba para Tarsis (sur de España). Se desencadenó una tormenta tal que los marineros, por miedo a naufragar, arrojaron al mar la carga para aligerar la nave. Cada cual invocaba a su dios. Jonás se refugió en la bodega y dormía profundamente. Lo encontró el capitán y le mandó que se levantara e invocara también a su Dios.

Sospecharon que aquella tormenta era un castigo de los dioses, y echaron suertes entre ellos para saber quién era el culpable. Recayó en Jonás quien les contó todo y les pidió que lo arrojaran al mar. Inmediatamente vino la calma. Dios mandó un gran animal marino para que se tragara a Jonás. Tres días y tres noches lo llevó en el vientre hasta que lo vomitó en tierra firme. De nuevo le dio Dios la misma orden y Jonás se encaminó a Nínive. Tres días costaba recorrer la ciudad. Entró en ella y empezó a predicar anunciando: «Dentro de cuarenta días Nínive será destruida».

Los ninivitas hicieron caso a Jonás y se arrepintieron de sus pecados. Se enteró el rey de Nínive y descendiendo de su trono, se despojó del manto regio y se vistió con la tela basta y ceniza. Publicó un edicto invitando a todos los habitantes a que clamasen a Dios con todas sus fuerzas, ayunaran y se arrepintieran cada uno de su mala vida y de sus injusticias. «¡Quién sabe si Dios se volverá atrás y no pereceremos!» Cuando vio Dios que se arrepentían de su perverso proceder se compadeció de ellos y no llevó a cabo la destrucción.

(Jonás)

Judit

EL poderoso ejército de Holofernes, general de los asirios no encontraba oposición a su paso, todas las naciones se le sometían. Sólo Israel decidió organizar la resistencia: Jerusalén y su templo no debían ser profanados.

Judit era una viuda sin hijos, temerosa de Dios. Se enteró del asedio a la ciudad, y pidió que esa noche la dejaran salir de Betulia con su doncella, para hacer algo en favor de Israel.

Al amanecer, llegó con su doncella al campamento enemigo. Los que hacían la guardia la llevaron hasta Holofernes; y se presentó como desertora.

Días después Judit aceptó la invitación de Holofernes para cenar con él y con sus oficiales. Uno tras otro fueron abandonando la sala del convite, tambaleándose por la bebida. Holofernes se echó en su cama embrutecido por la borrachera y Judit, con la propia espada del general, le cortó la cabeza; la metió en una bolsa de cuero y con su doncella, simulando dar un paseo, se encaminó a Betulia.

Le abrieron las puertas. Al escuchar las palabras de Judit y ver la cabeza de Holofernes, desapareció el temor. A la mañana, después de colgar la cabeza en los muros, los habitantes de Betulia salieron con armas y trompetas. Cuando los oficiales asirios fueron a avisar a Holofernes de la amenaza de ataque, se lo encontraron decapitado. Con gran desconcierto los asirios huyeron precipitadamente.

Todo el pueblo felicitaba a Judit con estas palabras: «Tú eres la gloria de Jerusalén; tú, la alegría de Israel; tú eres el honor de nuestra raza».

(Judit)

Isaías

ESTE profeta, hijo de Amós, tuvo una visión: El Señor estaba sentado en su trono; serafines de pie cantaban a coro: «Santo, Santo, Santo es el Dios de los ejércitos; llena está la tierra de su gloria». Uno de ellos se le acercó con una brasa encendi-

da y le tocó los labios. Oyó la voz de Dios que decía: «¿A quién enviaré?» Entonces Isaías contestó: «Aquí estoy; envíame a mí».

Dios le dijo: «Ve y habla a este pueblo».

Así empezó Isaías su actividad profética. La desarrolló durante los tiempos de Jotán, Ajaz y Ezequías, reyes de Judá (742-677 antes de Cristo).

El rey Ajaz, asustado por la coalición de los reyes de Siria e Israel, fue avisado por Isaías de que no se produciría esta conquista. En la entrevista el profeta le anunció entre otras muchas cosas, que será el rey de Asiria el que desolará Judea, y que vendrá un día en que la Virgen concebirá y dará a luz a Emmanuel (Dios con nosotros).

Poco después Isaías fue testigo de la destrucción y deportación de los habitantes de Israel por los asirios.

El año catorce del rey Ezequías, hijo de Ajaz, Senaquerib, rey de Asiria, conquistó las ciudades fortificadas de Judea y envió un general hasta las puertas de Jerusalén para negociar la rendición. Ezequías, haciendo caso a Isaías, no cedió y aquella noche murieron miles de soldados asirios por una extraña enfermedad contagiosa. Senaquerib regresó a Nínive, donde dos de sus hijos lo asesinaron.

El profeta Isaías fustigó la idolatría y toda clase de pecados del pueblo y de sus reyes.

(Isaías)

Jeremías

HIJO del sacerdote de Helcías, Jeremías fue educado en el temor de Dios y en los preceptos de la ley. Oyó la palabra del Señor que le decía: «Antes de que te formaras en el vientre de tu madre te conocí, y te consagré como mensajero mío ante los hombres». Jeremías objetó la decisión de Dios diciendo que era muchacho y que no sabía hablar. El Señor le tocó la boca, mientras le decía: «Irás a donde yo te mande y hablarás lo que yo te ordene; yo pondré mis palabras en tu boca».

Y Jeremías empezó a comunicar al pueblo los mensajes de Dios en las puertas del templo y en las plazas de Jerusalén. Fue durante los turbulentos años de Josías, Joaquim y Sedecías, últimos reyes de Judá (627-587 a. C.).

Con energía denunció los pecados del pueblo y sus autoridades: la apostasía, la injusticia, la dureza de corazón para con los pobres, los adulterios. Invitaba al arrepentimiento y a la conversión, ya que Dios se complace más en un corazón fiel y justo que en las piedras, oro y sacrificios del templo. Jeremías se quejaba al Señor, de cuando en cuando, por el poco caso que le hacían; pero una vez consolado volvía a predicar nuevos mensajes. Los acompañaba con el anuncio de la inminente caída de Jerusalén, de la destrucción del templo, y de que sus tesoros serían llevados como botín a Babilonia.

De los que le escuchaban, unos se burlaban del profeta y otros se encendían en ira contra él. En alguna ocasión fue golpeado y despreciado públicamente; una vez fue encarcelado y otra arrojado en una cisterna con lodo que le cubrió hasta las rodillas.

Le tocó vivir los duros meses del asedio y de la destrucción de Jerusalén y el templo por el ejército de Nabucodonosor. En la conquista de la ciudad fue protegido por el jefe de la escolta del rey de Babilonia, y lo dejó en libertad para que escogiera ir a donde quisiera. Jeremías quiso quedarse en Palestina con los pobres diseminados por la campiña de Judea. Capturado más tarde por unos rebeldes, fue llevado a Egipto, donde murió.

(Jeremías)

Jerusalén destruida y el destierro

NEKÓ II, faraón de Egipto, fue a hacer la guerra contra Asiria. Pidió permiso al rey Josías para pasar por Judea. Éste no sólo le negó el paso, sino que salió a presentarle batalla. Josías murió en el combate y el faraón impuso como rey de Judea a Joaquim, con la obligación de pagarle tributos muy cuantiosos. Joaquim los pagó, exigiendo la plata y el oro

al pueblo. Fue durante esta dura servidumbre cuando Nabucodonosor, rey de Babilonia, sometió a Judea y deportó a algunos judíos, entre los que se hallaba el joven Daniel.

Años más tarde, siendo rey Sedecías, impuesto por Nabucodonosor, Jerusalén se rebeló contra éste, por lo que de nuevo Jerusalén fue conquistada; las murallas, el templo y el palacio real demolidos, y se prendió fuego a toda la ciudad.
Todos sus habitantes fueron deportados a Babilonia; sólo
quedaron, por los campos de Judea, las gentes más pobres
para cultivar las viñas.

(II Reyes 23-25)

Ezequiel

HIJO del noble Buzi, fue deportado a Babilonia con el rey Joaquim (598 a. C.). Fue en el primer asedio de Nabucodonosor a Jerusalén.

Vivía tranquilo con los demás judíos que se habían asentado en Tel-Abib, de Caldea, con la ilusión de volver pronto a su patria. Estando junto al río Kobar fue llamado por Dios a la misión profética mediante una magnífica y misteriosa visión (593 a. C.)

El tema central del mensaje de Dios, a través de Ezequiel, fue la denuncia de los vicios, tanto de los que vivían en el destierro, como de los que residían aún en Jerusalén. Los pecados que más frecuentemente censuraba con gran realismo eran la idolatría, el adulterio, el perjurio, el asesinato y la opresión de los pobres. Anunció al pueblo que las amenazas se cumplirían inevitablemente. Que su obstinación en el pecado era tan firme que no le cabía el arrepentimiento, y por esto Dios lo había dejado a merced de sus enemigos.

Visiones, parábolas y acciones simbólicas son la manera de comunicar Dios sus mensajes a Ezequiel.

Un día le mandó que, a la vista de todos los de la colonia, preparara su equipaje como si fuera a emigrar; que perforase el muro y cargando el equipaje saliera en la oscuridad por el boquete abierto. A la mañana Dios le habló: «Hijo del hombre, ¿ninguno de esta raza rebelde te ha preguntado por lo que acabas de hacer? Diles...» Dios, con esta acción simbólica, quiso anunciarles que el rey de Jerusalén, Sedecías, se escaparía así de la ciudad, abandonándola a la destrucción (pocos años después ocurrió de esta forma).

La destrucción de la ciudad santa con su templo y la definitiva deportación a Babilonia, fue ocasión de reflexión para muchos. Ezequiel los invitó al arrepentimiento; les recordó que Dios es el pastor de Israel, y ellos las ovejas de su rebaño. Los abrió a la esperanza anunciando que llegaría un día en que regresarían a la patria para ser semilla de la futura restauración del Pueblo de Dios.

(Ezequiel)

Daniel

EN la primera expedición del ejército de Nabucodonosor a Judea (606 a. C.) a petición del rey, cuatro jóvenes de la nobleza de Jerusalén fueron trasladados a Babilonia, para que fueran instruidos en toda clase de saber y en la lengua caldea. Su formación duraría tres años y, si se les consideraba aptos, pasarían al servicio de Nabucodonosor. Dios concedió a los cuatro muchachos inteligencia y sabiduría sobre toda clase de cuestiones. Daniel además estaba dotado de un poder extraordinario para interpretar visiones.

Nabucodonosor tuvo un sueño que le angustiaba tanto que no podía dormir. Convocó a sus magos y adivinos para que se lo interpretaran. Mas el rey no quiso contarles el sueño, sino que pidió que se lo adivinaran ellos, y así tendría seguridad y certeza de su interpretación. Confesaron su incapacidad, y el rey decretó la muerte de todos ellos. También afectaba a Daniel este decreto. Oró al Señor, y Dios le reveló el enigma del rey. Para salvar su vida y la de los demás se presentó ante él y le explicó el sueño: Era una estatua de gran altura; la cabeza, de oro; el pecho y los brazos, de plata; el vientre y los lomos, de bronce; los muslos eran de hierro, y los pies de arcilla y hierro. Cuando la

estaba contemplando, una leve piedra rodó de las alturas sin que interviniera mano humana, y chocó contra los pies de la estatua; ésta se derrumbó hasta convertirse en polvo y nada. En cambio, la piedra empezó a crecer; se hizo montaña, y llenó toda la Tierra.

«¡Éste es el sueño!», dijo Daniel; y su interpretación es la siguiente: «La cabeza de oro, ¡oh rey! eres tú; te sucederá otro imperio de plata; vendrá otro de bronce; después, uno fuerte como el hierro que luego se debilitará al unírsele una parte quebradiza como es la arcilla del alfarero. La piedra que rodó de lo alto sin intervención humana es un nuevo reino que Dios creará y que perdurará eternamente. Con este sueño, ¡oh rey!, Dios te ha dado a conocer el futuro».

Nabucodonosor se postró en tierra y confesó ante Daniel: «Tu Dios es Dios de dioses y Señor de los reyes». Le obsequió con cuantiosos regalos; lo nombró señor de la provincia de Babilonia y jefe de todos los sabios.

(Daniel)

131

Ester

MARDOQUEO era un judío de los deportados en tiempos de Nabucodonosor. Había adoptado como hija a una sobrina huérfana llamada Ester. Esta sobrina fue elegida por Asuero, entre las muchachas doncellas que le presentaron, para que fuera reina.

Por aquel entonces un tal Amán fue nombrado el segundo en poder después del rey. Todos los presentes, menos Mardoqueo, se postraban a su paso cuando entraba en el palacio real, por lo que Amán se indignó contra él; enterado de que era de raza judía dictó un decreto para que todos los judíos fueran ejecutados.

Cuando lo supo Mardoqueo, en señal de dolor y tristeza rasgó sus vestiduras, se vistió con ropas bastas y se puso ceniza en la cabeza. Después hizo llevar a Ester el decreto de Amán, rogándole que invocara al Señor e intercediera ante el rey a favor de su pueblo.

Ester, luego de tres días de oración y ayuno, vistió sus mejores galas y se presentó ante Asuero para invitarle al banquete que había preparado para él y Amán. Durante el banquete, y para mostrar su satisfacción, Asuero le dijo a Ester que le pidiera lo que más deseara, que se le concedería inmediatamente fuera lo que fuera.

Ester habló y le pidió su propia vida, como judía que era, y la vida de su pueblo, ya que estaban condenados al exterminio por orden de Amán. Asuero, al tener conocimiento de ello, montó en cólera y furioso ordenó la muerte de Amán, que fue ejecutado en la misma horca que éste había mandado alzar para Mardoqueo.

Inmediatamente se despacharon mensajeros a todas las provincias para que comunicaran la anulación del decreto de Amán, devolviendo favores a los judíos, por lo que la angustia y terror reinantes se convirtieron en júbilo y alegría. Todo ello gracias a la mediación de Ester en favor de su pueblo.

(Ester 1; 5; 10)

Tobías

TOBIT, como otros muchos israelitas, fue deportado a Nínive con su esposa Ana. Desde su mocedad amó y sirvió al Señor y vivía en su presencia constantemente.

En una ocasión de un nido le cayeron excrementos a los ojos y se quedó ciego.

Tobit tenía un hijo, llamado Tobías, al que le dijo que buscara un hombre conocedor de las rutas para que le acompañara a cobrar un dinero. Tobías encontró a un joven decidido y dispuesto a guiarle.

Tobit les dio los recibos, y emprendieron la primera jornada; les acompañaba el perro. Acamparon junto al río Tigris. Tobías fue a bañarse los pies cuando un enorme pez le amenazó con la boca abierta. Gritó. El joven acompañante le dijo que sacara al pez del agua.

—Sácale el corazón, el hígado y la hiel; guárdalos, que son medicina provechosa —le dijo el joven.

Anduvieron algunas jornadas más. El acompañante propuso que debían hacer noche en casa de Ragüel, pariente de Tobías; y le aconsejó que pidiera la mano de su hija Sara, diciéndole que Dios la había guardado para él.

Mientras se celebraban los días de fiesta por la boda, el joven, para ganar tiempo se fue con los recibos a la ciudad y cobró los diez talentos de plata.

Emprendieron el regreso a Nínive. Tobías, siguiendo el consejo de su guía, aplicó sobre los ojos de su padre la hiel del pez y milagrosamente recuperó la vista. En la casa no cabía más gozo. Tobit veía; su hijo había regresado con una encantadora esposa, y tenían dinero para vivir. Dios había sido generoso con ellos. Cuando Tobit habló al joven para darle como salario la mitad de lo que habían traído, éste les dijo:

—Yo soy Rafael, uno de los siete ángeles que presentan las oraciones de los santos ante Dios.

Y desapareció.

(Tobías)

Job

HABÍA en el país
de Us un hombre que
se llamaba Job. Era recto, temeroso de Dios y apartado del
mal. Tenía siete hijos y tres hijas.
Era el más rico de toda la región, goza-
zaba de buena fama y daba abundantes limosnas a los pobres.

Un día preguntó Dios a Satanás si se había dado cuenta
de Job, su fiel servidor. El Demonio le replicó que si no se
rebelaba era porque todo le salía bien; si le dañaba en sus bienes, maldeciría como los demás hombres. Entonces Dios
autorizó a Satanás para que le hiciera lo que quisiera, pero
que a él no lo tocara. Y ocurrió que, en un solo día, le llegaron todas las desgracias: le robaron los ganados, camellos
y asnos; le mataron a sus sirvientes y sus hijos murieron
aplastados bajo los escombros de la casa donde estaban
comiendo reunidos. Job se postró en tierra, y dijo: «Dios
me dio todo y Dios me lo quitó; que su nombre sea bendito».

Dios se complació en la actitud de Job y, de nuevo, habló a Satanás sobre la fidelidad de su siervo. El Demonio
le contestó: «Todo lo que el hombre tiene lo da gustoso

por su vida, si se le daña en su salud, maldecirá». Le dijo Dios: «Ahí lo tienes a tu disposición, pero guárdale la vida». Y Job se convirtió de pies a cabeza en una llaga maligna. Su mujer le incitaba a que maldijera a Dios. Mas Job le dijo:

—Hablas como loca. Si aceptamos de Dios el bien, ¿no hemos de aceptar también el mal?

Job afirmaba y repetía que él no había obrado mal. Y se planteó la pregunta: ¿Por qué existe el mal?

Dios intervino, planteando a Job muchas cuestiones que no sabía responder. Y concluyó diciéndole: «El sufrimiento es difícil de entender; yo sé medirlo y lo distribuyo según me place. ¡Ten confianza en mí!»

Job aún recuperó la salud; tuvo nuevos hijos y duplicó sus riquezas, para ser más generoso con los necesitados.

(Job)

Regreso del exilio

LOS judíos llevaban ya unos sesenta años viviendo en el destierro. Ciro, el fundador del imperio persa, venció a los asirios y Babilonia cayó en su poder. El año primero (538 a. C.) dictó un decreto en el que animaba a los judíos a que regresaran a su patria y reedificaran el templo; alentó

a los que se quedaran a que colaboraran con oro, plata y otros donativos para la casa de Dios en Jerusalén; devolvió 5.400 vasos sagrados que habían sido robados por los babilonios.

Con fervor religioso se pusieron en marcha 42.360 personas, bajo las órdenes de Zorobabel, nombrado gobernador de Judea y de Josué, Sumo Sacerdote. Algunos se asentaron en Jerusalén y otros en sus ciudades de origen. Los primeros meses los dedicaron a poner en orden sus casas y sus campos. Al séptimo se reunieron todos en Jerusalén. Josué y Zorobabel levantaron el altar y ofrecieron sacrificios a Dios. Se celebró una gran fiesta. Todos aportaron dinero para que los canteros empezaran a labrar piedras y los carpinteros trabajaran la madera de cedro que empezaron a importar del Líbano.

Al año segundo, empezaron a asentar los cimientos del templo que quedó concluido el año sexto de Darío (516 a. C.), y se celebró con grandes fiestas.

(Esdras 1-7)

Esdras

ERA un escriba, tan estudioso como fiel cumplidor de la Ley de Moisés que se dedicaba a enseñarla al pueblo judío que se había quedado en el exilio. El rey Artajerjes de Persia le concedió ir a Palestina con judíos fieles, para enseñar y fomentar el cumplimiento de la Ley de Dios.

Esdras y su ferviente grupo de seguidores llegaron a Jerusalén el año séptimo del reinado de Artajerjes (458 a. C.). Pronto se informó de las causas por las que los judíos habían abandonado la fidelidad a Dios. Convocó asambleas, les leyó y les explicó la Ley de Moisés, reconocieron sus desviaciones, hicieron penitencia y renovaron la alianza con Dios.

Esdras siempre se sintió apoyado por Nehemías desde que éste llegara a Jerusalén trece años después.

NOTA: La sinagoga, como lugar de reunión y centro de formación y vida religiosa, tiene su origen en el exilio de Babilonia. En estas reuniones de los sábados y fiestas judías se hacían plegarias; se cantaban salmos; se leían los rollos de la Ley de Moisés y se explicaba al pueblo. Esdras fue el organizador de este tipo de oficios religiosos y los trasladó a Palestina. Así fue como asentó las bases de la religiosidad y del amor a la Ley que perdurarán en el pueblo judío de Palestina hasta la venida del Mesías.

(Esdras y Nehemías)

Nehemías

SIENDO el copero mayor del rey Artajerjes, se enteró de que Jerusalén era aún una ciudad abierta porque su muralla seguía en ruinas. Pidió permiso para ir a reconstruirla. Artajerjes le dio cartas para que se le facilitaran los trabajos. Apenas llegó a Jerusalén, por tres noches consecutivas recorrió la muralla en ruinas y preparó el proyecto.

Convocó a las autoridades de la ciudad y les explicó el motivo de su venida a Jerusalén. Se entusiasmaron con el proyecto; se dividió la muralla en tramos y se encomendó la construcción de cada uno de ellos a grupos de familias.

A ciertas personas influyentes de Samaría les disgustó que Jerusalén se fortificara e intentaron por todos los medios impedir la obra. Llegó la noticia a Nehemías de que preparaban una intentona para matar a los constructores y a él mismo. En muchos días, ni para dormir se quitaron los vestidos ni se desprendieron de las armas. Trabajando y vigilando se terminó la obra. Jerusalén volvió a ser ciudad amurallada.

Nehemías regresó al servicio de Artajerjes; pero acudió a Jerusalén de cuando en cuando para apoyar la reforma religiosa que Dios había encomendado a Esdras.

NOTA: Aunque, desde la deportación a Babilonia, Palestina siempre estuvo sometida a los diversos imperios que se fueron sucediendo en su entorno, su religión y su Ley fue respetada y protegida durante siglos. Hasta que...

(Esdras y Nehemías)

Los hermanos Macabeos

ANTÍOCO IV Epifanes conquistó Egipto. De regreso pasó por Jerusalén y por toda Palestina (169 a. C.). Robó los tesoros del templo; mató a muchos judíos y se volvió a su tierra, al norte de Palestina. Dos años después envió un comisario de tributos con poderoso acompañamiento a todas las ciudades de Judea. En Jerusalén asesinó a muchos de sus habitantes, saqueó la ciudad y la entregó a las llamas.

Para colmo de males Antíoco publicó un edicto por el cual todas las naciones que estaban bajo su dominio debían abandonar sus leyes particulares y su religión, para formar un solo pueblo.

Muchos se mantuvieron fieles a la alianza con Dios. Como aquella madre y sus siete hijos: Uno

a uno, del mayor al menor,
en presencia de los otros y de la
madre fueron mutilados, azotados, torturados de diversas
maneras y quemados. Durante los tormentos, la propia madre
les daba aliento. La persecución fue cruel en toda Palestina.

Algunos se escondieron en las cuevas del desierto. Las
patrullas del rey los encontraron un día sábado y, por no
quebrantarlo luchando, unas mil personas se dejaron matar
sin oponer resistencia.

(I y II Macabeos)

Matatías

EL sacerdote Matatías vivía en Modín. Tenía cinco hijos: Juan, Simón, Judas, Eleazar y Jonatás. Llegaron a Modín emisarios del rey Antíoco para forzar a la apostasía y a que ofrecieran sacrificios a los ídolos. Matatías se negó diciendo:

—Aunque todos obedezcan al rey, mis hijos y yo seguiremos la Ley de nuestro Dios.

Aún estaba hablando cuando un judío se adelantó a ofrecer sacrificio a los ídolos. Matatías encendido en el celo por el honor de Dios no pudo contenerse y lo degolló sobre el altar. Inmediatamente se volvió al comisario del rey y lo mató también; destrozó el altar y gritó:

—¡Todo el que mantenga la Alianza que me siga!

Y huyeron él y sus hijos a la montaña.

Fueron uniéndosele hombres valientes, adictos a la Ley, que no soportaban las ignominias de Antíoco.

Poco antes de morir Matatías reunió a sus seguidores y los arengó: «No ataquéis en sábado; pero si alguno viene a pelear contra vosotros, lucharéis contra él aunque sea el día de reposo; no obréis como aquellos hermanos nuestros del desierto, que se dejaron asesinar por guardar el sábado. Sed fuertes, y combatid por nuestro Dios y su Ley». Luego nombró capitán al más valiente de sus hijos, Judas, apellidado el Macabeo (166 a. C.).

(I y II Macabeos)

Nuevo Testamento

El Mesías

A lo largo del Antiguo Testamento hemos leído las circunstancias en que Dios se da a conocer a una raza para que, a través de ella, llegara a toda la humanidad el conocimiento de la verdad. Y al mismo tiempo hemos visto las aventuras de ese pueblo, debatiéndose entre la fidelidad a Dios o el alejamiento de Él, siempre a consecuencia de sus pecados.

Y es que el pecado, por ser un acto libre de rebeldía contra Dios, es el mayor y el único mal para cada hombre que lo comete.

El pecado es el permanente enemigo del hombre.

Poner remedio al pecado equivale a salvar al hombre. Y Dios tenía prevista esta solución definitiva desde el principio.

Uno de esa raza será el Salvador.

Los profetas, con visión lejana e imperfecta, lo anunciaron: que sería descendiente de David; que una virgen concebiría a «Dios con nosotros»; que nacería en Belén; que sería maltratado por los pecados de los hombres; que fundaría un reino de gracia, de santidad, de perdón para toda la humanidad y para siempre; que vendría dentro de setenta semanas de años...

El pueblo judío vivía ya de la esperanza en su llegada.

En el año 63 a. C. Pompeyo, general romano, conquistó Palestina. En lo político, este hecho enmarca ya la vida del Mesías prometido y esperado: Jesús, Dios y hombre verdadero, que sellará con su sangre el Nuevo Testamento.

Los libros del Nuevo Testamento son: los cuatro Evangelios (según San Mateo, San Marcos, San Lucas y San Juan), los Hechos de los Apóstoles, las Cartas de San Pablo, San Pedro, San Juan, Santiago, San Judas y el Apocalipsis.

La Anunciación

NAZARET era un pequeño pueblo de la región de Galilea, al norte de Palestina, recostado en la ladera de una suave loma, tendido al sol del mediodía. Tenía una fuente en la que las muchachas llenaban sus cántaros. En la cumbre dominaba la sinagoga para los actos religiosos de los sábados. Sus calles eran irregulares y estrechas con repechos y bajadas.

Aquí vivía una muchacha que, aunque estaba prometida en matrimonio a un joven llamado José, tenía hecha promesa de permanecer virgen. Esta chica se llamaba María.

Un día el arcángel Gabriel, enviado por Dios, entró en la casa donde vivía ella, y le dijo:

—Alégrate, llena de gracia. El Señor está contigo; tú eres la escogida entre todas las mujeres.

María al oír esto se quedó sorprendida, y pensaba qué podría significar tan extraordinario saludo. Mas el ángel le dijo:

—No temas, María, pues a los ojos de Dios has hallado gracia. Vas a concebir en tu seno y darás a luz un hijo, a quien pondrás por nombre Jesús (Dios salva). Será grande y llamado Hijo del Altísimo, y el Señor Dios le dará el trono de David, su padre. Reinará en la casa de Jacob por los siglos y su reinado no tendrá fin.

María dijo al ángel:

—¿Cómo será posible esto puesto que yo no conozco varón?

Y el ángel respondió:

—El Espíritu Santo vendrá sobre ti, y el poder del Altísimo te cubrirá con su sombra; por eso el que ha de nacer de ti será llamado santo, Hijo de Dios. Y para que veas que nada es imposible a Dios, tu parienta Isabel ha concebido un hijo en su vejez, y ya está de seis meses la que era estéril.

Y María dijo:

—He aquí la esclava del Señor; hágase en mí según tu palabra.

El angel se retiró y en aquel instante el Hijo de Dios se hizo hombre en el seno de María. Era el año 748 de la fundación de Roma.

(Lucas 1, 26-38)

Visitación

LLENA de humilde gozo María repasó en su memoria las palabras del ángel, y cayó en la cuenta de que su prima Isabel podría necesitarla.

A ocho kilómetros al oeste, en un apacible valle cerrado estaba la ciudad de Ain Karem, donde vivía Isabel, a más de cien kilómetros de Nazaret.

María preparó lo necesario y se encaminó presurosa a este pueblo en las montañas de Judá. Durante el viaje reflexionó

sobre el Gran Secreto que llevaba en sus entrañas.

Entró en casa de Zacarías y saludó a Isabel. Al escuchar la anciana prima las palabras de María notó que el niño que ya llevaba seis meses en su seno, daba saltos de gozo, y llena del Espíritu Santo exclamó con entusiasmo:

—Bendita tú entre las mujeres y bendito el fruto de tu vientre. ¿Quién soy yo para merecer que venga a visitarme la madre de mi Señor? ¡Dichosa tú que has creído!, porque todo lo que te ha dicho el Señor, se cumplirá.

Y María dijo:

—Mi alma engrandece al Señor y me lleno de alegría en Dios, mi Salvador, porque se ha fijado en la pequeñez de su esclava. Desde ahora me llamarán dichosa todas las generaciones porque el Poderoso ha hecho en mí cosas grandes y maravillosas. Su nombre es Santo y su misericordia es constante para los que le temen. Con su poder hace proezas: desconcierta a los soberbios, derriba a los poderosos, ensalza a los humildes, a los hambrientos los colma de bienes, y a los ricos los despide vacíos. Da amparo a su pueblo de Israel, al cumplir sus promesas de misericordia.

Permaneció María aquí como tres meses, hasta que Isabel dio a luz, y regresó a Nazaret.

(Lucas, 1, 39-56)

José, el esposo de María

JOSÉ era artesano. Era el hombre más tratado por todos los de Nazaret. ¿Qué habitante de un pueblo pequeño no pasa varias veces al año por casa del artesano?

José estaba prometido en matrimonio con María. Tal compromiso les obligaba ya a la fidelidad, pero aún no vivían juntos. Fue en este espacio de tiempo cuando María concibió milagrosamente del Espíritu Santo.

José estaba convencido de la honradez de su prometida, aunque vacilaba en su perplejidad de hombre justo y en ningún momento quiso difamarla. Una noche mientras dormía se le apareció un ángel del Señor y le dijo:

—José, descendiente de David, no temas recibir en tu casa a María por esposa; pues lo que se ha engendrado en ella es obra del Espíritu Santo. Dará a luz un hijo y le pondrás por nombre Jesús, porque él salvará al pueblo de sus pecados.

José se llenó de alegría y habló con ella. Desde ese momento aceptó su estado de esposo virginal de María y de padre adoptivo de Jesús.

Dios lo había dotado de cualidades humanas y de gracias sobrenaturales, de acuerdo con su extraordinaria misión.

(Mateo 1, 18-25)

Nacimiento de Jesús

CÉSAR Augusto mandó hacer un censo y José recorrió los ciento veinte kilómetros que separan Nazaret de Belén para empadronarse con María su esposa.

Al llegar, no encontraron alojamiento y se refugiaron en una gruta cercana que tenía la entrada protegida, con paredes y algo de techo y que se usaba para cobijar ganado. Estando allí se le cumplieron los días y dio a luz a Jesús; lo envolvió en pañales y lo recostó en un pesebre.

Unos pastores aquella noche vieron un ángel resplandeciente que les daba la buena nueva:

—No os asustéis porque vengo a daros una noticia muy grata.

En Belén os ha nacido hoy el Salvador, que es el Mesías, el Señor. Lo reconoceréis porque está envuelto en pañales y recostado en un humilde pesebre.

Una muchedumbre del ejército celestial se unió al ángel y exclamaba:

—¡Gloria a Dios en las alturas y paz a los hombres que aman al Señor!

Los pastores acudieron presurosos y hallaron a María, a José y al Niño recostado en el pesebre y lo adoraron.

(Lucas 2, 1-20)

Presentación en el templo

A los ocho días del nacimiento, José hizo circuncidar al niño y le puso el nombre de Jesús, como le había mandado el ángel.

En aquel entonces vivía en Jerusalén un hombre ya anciano, justo y temeroso de Dios que se llamaba Simeón. Como todas las personas piadosas esperaba y suplicaba por la pronta venida del Mesías.

A los cuarenta días del nacimiento se trasladaron a Jerusalén, para visitar el templo para la purificación de María y presentar el Niño al Señor.

Simeón, inspirado por el Espíritu Santo, acudió al templo, encontrándose con José y María que llevaba al Niño en brazos. El anciano le pidió que se lo dejaran tener y María lo puso en sus brazos. Mirándolo dijo Simeón:

—Ya puedo morirme en paz. Mis ojos están contemplando la salud de todos los pueblos y la gloria de Israel.

Luego añadió con tristeza:

—Y a ti misma, una espada te traspasará el alma.

También pasaba por allí en aquellos momentos Ana, una anciana viuda de ochenta y cuatro años, que servía al Señor con ayunos y oraciones. Reconoció al Niño y habló con entusiasmo de él a todos los que esperaban la redención de Israel.

(Lucas 2, 21-39)

Los Tres Reyes Magos

HERODES era el rey de Palestina, y se inquietó cuando llegaron a Jerusalén unos magos de Oriente preguntando por el recién nacido rey de los judíos; habían visto la estrella que lo anunciaba, y venían a adorarlo. Herodes consultó a los escribas y doctores de la ley. Le dijeron que, según las profecías, el Cristo debía nacer en Belén. Después de informarse cuidadosamente sobre la fecha en que se les había aparecido la estrella, los encaminó a Belén. Les rogó que cuando lo encontraran se lo hicieran saber, para ir él también a adorarlo.

José y María habían abandonado ya la gruta. Con gran alegría para los magos la estrella reapareció y les indicó la casa de Belén donde moraba el Niño. Allí lo adoraron y le ofrecieron sus presentes de oro, incienso y mirra.

Aquella noche el ángel del Señor avisó a los magos que regresaran a su país sin ver a Herodes. Y a José le dijo que huyeran inmediatamente a Egipto, porque Herodes iba a buscar al Niño para matarlo. Ya le avisaría cuando llegara el momento de regresar.

Herodes, irritado porque los magos lo habían burlado, mandó matar a todos los niños que habían nacido durante los dos últimos años en Belén. Seguramente fue el último de sus muchos crímenes, ya que murió en la primavera del año 750 de la fundación de Roma.

Arquelao, sanguinario como su padre, empezó a reinar en Judea, región a la que pertenecía Belén; Herodes Antipas, el otro hijo, más apacible y menos violento, heredó Galilea. Ésta fue la razón por la que José, cuando el ángel le dijo que ya no había peligro para el Niño, fue a vivir a Nazaret y no a Belén.

El destierro en Egipto había durado unos dos años.

(Mateo 2, 1-23)

163

Jesús entre los doctores

EL Niño crecía y se hacía fuerte en Nazaret. De corretear por la casa, pasó a la calle; empezó a descubrir el mundo con ojos humanos, jugaba con los amiguitos de su edad. Estaba lleno de gracia de Dios y de gracia humana. Realizaba los encargos que le pedían José y María, y acudía a la sinagoga a aprender la ley de Moisés.

Sus padres subían todos los años a Jerusalén en el día solemne de la Pascua. Cuando cumplió Jesús los doce años, la edad en que un buen israelita empezaba a vivir los preceptos de la Ley, subieron los tres. De todos los pueblos salían en caravanas.

Acabados los días de la fiesta se organizaron las comitivas de regreso: grupos de hombres y de mujeres de los pueblos que hacían la misma ruta, y los niños siempre correteando, ya con unos ya con otros.

Al finalizar la primera jornada Jesús no apareció. José y María preguntaron a chicos y grandes, y nadie lo había visto por el camino; con el corazón roto de pena volvieron a Jerusalén. Lo buscaron angustiados, hasta que llegaron al templo en donde lo hallaron en una de las dependencias en las que los doctores de la ley instruían al pueblo que asistía. María y José se asomaron y allí lo vieron en medio de ellos, escuchándole y haciéndole preguntas. Todos se maravillaron de la inteligencia de sus respuestas. Se acercó María y le reprochó cariñosamente.

—Hijo, ¿por qué nos has hecho esto? Tu padre y yo buscándote afligidos.

—¿Y por qué me buscabais? ¿No sabíais que yo debía estar en casa de mi Padre?

Pasó la adolescencia y se hizo joven. De José aprendió el oficio de artesano y, cuando éste murió, Jesús continuó en el taller hasta los treinta años.

(Lucas 2, 40-52)

Juan el Bautista

AQUEL niño que concibió Isabel, la prima de María, se llamó Juan. El ángel que se apareció a Zacarías para anunciarle esta concepción milagrosa, les dijo que así tenía que llamarse. Y les dijo más: que iría delante del Señor para prepararle un pueblo perfecto.

Zacarías tuvo la aparición del ángel cuando estaba oficiando en el templo su turno de servicio sacerdotal. El esposo de Isabel se mostró algo incrédulo de que a sus años pudiera engendrar un hijo. El arcángel Gabriel le dijo que, como prueba, se quedaría mudo hasta que todo se cumpliera según él había dicho.

Cuando nació Juan, estando aún María con Isabel, Zacarías ya pudo hablar manifestando:

—Bendito el Señor Dios... que ha dado ya un Salvador poderoso a la casa de David, cumpliendo lo que anunciaron los santos profetas. —Y añadió señalando a su hijo—: Y tú, niño, serás llamado profeta del Altísimo porque darás a su pueblo el conocimiento de la salvación mediante la remisión de los pecados.

Cuando Juan creció se retiró a los desiertos para fortalecer su espíritu hasta que se manifestara públicamente.

Años después empezó a predicar por toda la región del

Jordán. Se vestía con una piel de camello ceñida con una correa de cuero. Comía langostas y miel silvestre. Con gran fortaleza invitaba al arrepentimiento de los pecados, y anunciaba que el reino de Dios estaba ya cerca. Toda Palestina se conmovió con sus palabras, y acudían para que los bautizara en las aguas del Jordán.

Herodes Antipas lo encarceló por culpa de Herodías, la mujer de su hermano, que se había ido a vivir con él. Juan reprendía abiertamente esta conducta. El rey organizó un banquete para sus amigos y Salomé, la hija de Herodías, bailó delante de los comensales. Tanto agradó a Herodes que le juró darle lo que pidiera. La muchacha consultó a su madre, y ésta le dijo que le entregara en una bandeja la cabeza de Juan el Bautista. Herodes satisfizo su deseo, decapitándolo.

Sus discípulos retiraron el cuerpo y lo enterraron.

(Lucas 1, 5-25; 3, 1-6; Mateo 14, 3-12)

Bautismo de Jesús

LOS Evangelios, al narrar la vida pública de Juan y Jesús, la sitúan en el marco de la historia contemporánea: «En el año decimoquinto del imperio de Tiberio César (779 de Roma), siendo gobernador de Judea Poncio Pilatos, y tetrarca de Galilea Herodes; en los tiempos del Sumo Sacerdote Anás y Caifás, vino la palabra de Dios sobre Juan, el hijo de Zacarías, en el desierto».

Juan realizó su ministerio en el Jordán y desde este entorno conmovió al pueblo de Israel. De tal manera que muchos pensaron si no sería él el Mesías. Él lo aclaró: «Yo no soy el Mesías; yo os bautizo en agua para la penitencia; mas vendrá otro, de quien no soy digno ni de desatar las correas de sus sandalias, él os bautizará en Espíritu Santo y fuego».

Un día Jesús acudió desde Nazaret a la parte baja del Jordán para ser bautizado por Juan. Éste, por revelación interior, supo quién era y se negó, diciendo:

—Yo debo ser bautizado por ti, y ¿tú vienes a mí?

—Déjame hacer ahora. Debemos cumplir con toda justicia.

Entonces Juan permitió que Jesús se bautizara. Nada más salir del agua, estando Jesús en oración, se abrieron los cielos y descendió sobre Él el Espíritu de Dios en forma de paloma. Al punto se oyó una voz en los cielos que decía:

—Éste es el Hijo mío, en quien tengo puestas mis complacencias.

(Lucas 3, 1-23; Mateo 3, 13-17)

Jesús es tentado en el desierto

DESPUÉS del bautismo Jesús, guiado por el Espíritu Santo, se apartó del Jordán, dejó la abundante vegetación de su valle y se encaminó al desierto. Cerca de allí, al oeste de Jericó, se inician las laderas de los montes y aparece el paisaje árido y abrupto, refugio de los que buscan el silencio y la soledad.

Aquí vino Jesús y permaneció durante cuarenta días dedicado a la oración y al ayuno.

A lo largo de este tiempo en tres oportunidades tuvo que soportar las tentaciones del demonio. Debido al prolongado ayuno Jesús tenía hambre y acercándosele Satanás le dijo:

—Si eres Hijo de Dios haz que estas piedras se conviertan en pan, y come.

—No sólo de pan vive el hombre; también necesita de la palabra de Dios —le contestó.

En otra ocasión, el demonio tomó a Jesús y lo puso sobre las almenas del torreón más alto del templo, y le dijo:

—Si eres Hijo de Dios tírate; nada te pasará porque los ángeles te tomarán en sus palmas según escribió un profeta.

—También está escrito: No tentarás al Señor.

Por último, desde un monte muy alto, el demonio le mostró la grandeza y la gloria de todos los reinos:

—Te daré todas estas riquezas y el honor que supone ser dueño de todos los imperios si te postras ante mí y me adoras.

Entonces Jesús le contestó:

—¡Vete, Satanás! Porque está escrito: Al Señor tu Dios adorarás y a Él sólo servirás.

El demonio huyó y los ángeles le sirvieron con amor.

(Mateo 4, 1-11; Lucas 4, 1-13)

Los primeros Discípulos

TERMINÓ Jesús los cuarenta días de retiro en el desierto y regresó al valle del Jordán. Juan el Bautista estaba allí con dos de sus discípulos llamados Andrés y Juan, éste aún muy joven. El Bautista vio a Jesús que pasaba cerca y, señalándolo, comentó a sus dos discípulos:

—He ahí el Cordero de Dios que quita el pecado del mundo. Yo no lo conocía; pero he visto que Éste es verdaderamente el Hijo de Dios.

Los dos discípulos al oír esto siguieron a Jesús. Se dio cuenta de que andaban detrás de Él y les preguntó:

—¿Qué buscáis?

—Maestro, ¿dónde vives?

—Venid y lo veréis.

Se quedaron con él todo el día. Andrés habló de Jesús a

su hermano Simón, y lo acompañó para que lo conociera. Jesús lo miró y le dijo:

—Tú eres Simón, hijo de Jonás; serás llamado Cefás (significa Piedra = Pedro).

Durante el camino de regreso hacia Galilea, Jesús se encontró con Felipe y le pidió que le siguiera. Felipe, como Andrés, Juan y Simón, era de Betsaida, pueblo de pescadores junto al lago Tiberíades. Felipe se vio con Natanael, que era de Caná, y le dijo que Jesús, el de Nazaret, era el Mesías.

—¿De Nazaret puede salir algo bueno? —preguntó.

—¡Ven y verás! —le contestó Felipe.

Vio Jesús venir a Natanael y le dijo:

—Aquí tenemos un israelita de verdad, sin engaño.

—¿De qué me conoces?

—Antes de que Felipe te llamara te vi cuando estabas debajo de la higuera.

—Maestro, tú eres el Hijo de Dios —reconoció Natanael sorprendido por lo que acababa de decirle Jesús.

(Juan 1, 29-51)

Las Bodas de Caná

EN su camino de regreso desde el Jordán a Nazaret se fueron uniendo a Jesús un grupo de discípulos. En el pueblo de Natanael se celebraba una boda, y fue invitado a ella Jesús y sus amigos. Allí estaba también su madre.

Hacia el final del convite, se quedaron sin vino. La madre de

Jesús se le acercó para decirle lo que ocurría.

—¿Qué tenemos que ver tú y yo, mujer? Además, todavía no ha llegado mi hora.

María, no haciendo caso de la respuesta de su hijo, indicó a los que servían las mesas:

—Haced todo cuanto Jesús os diga.

Había en la puerta seis tinajas destinadas a la purificación o lavatorio que hacían los judíos cuando llegaban a casa. Jesús, obedeciendo a su madre, ordenó a los sirvientes:

—Llenad de agua las tinajas.

Cuando estuvieron llenas hasta arriba les dijo:

—Ahora sacad y llevad a que la pruebe el maestresala.

El director del convite se quedó sorprendido de la calidad de aquel vino y llamó al esposo para decirle:

—Todos sacan primero el buen vino y el peor lo dejan para el final. Tú lo has hecho al revés.

Fue el primer milagro que hizo Jesús en Caná de Galilea.

(Juan 2, 1-11)

Los vendedores en el templo

LA fiesta de Pascua de los judíos se celebraba a comienzos de la primavera. Ya estaba cercana y Jesús subió a Jerusalén. Por el atrio del templo se movían los mercaderes con bueyes, ovejas y palomas enjauladas; los cambistas de moneda también tenían por allí sus mesas. La gran muchedumbre de forasteros que acudían podían comprar los animales que necesitaban para ofrecer sus sacrificios, o cambiar la moneda romana y griega por la judía. En torno a la fiesta de Pascua los mercaderes hacían buenos negocios en el atrio del templo.

Jesús trenzó con cordeles un látigo y empezó a arrojar a los vendedores; derribó las mesas de los cambistas y desparramó las monedas por el suelo exclamando:

—¡No convirtáis la casa de mi Padre en casa de traficantes!

Después del alboroto se le acercaron los jefes de los judíos y le preguntaron:

—¿Qué señal nos muestras que te dé autorización para hacer estas cosas?

—Destruid este templo y en tres días lo levantaré.

—¿Cuarenta y seis años se han empleado en edificar este santuario y en tres días lo vas a levantar tú?

Jesús hablaba del templo de su cuerpo.

(Juan 2, 13-22; 3, 1-21)

Jesús junto al pozo de Jacob

JESÚS pasó una larga temporada en Judea y decidió regresar a Galilea cuando se enteró de que Juan el Bautista había sido encarcelado y de que los fariseos no veían con buenos ojos los muchos discípulos que se unían a él.

Al cruzar por Samaria llegó al pozo de Jacob, cercano a la ciudad de Sicar. Era hacia mediodía y, cansado del camino, se sentó en el brocal del pozo mientras sus discípulos iban a comprar algo de comer a la ciudad. Estando así vino una mujer a sacar agua. De siglos venía la enemistad entre samaritanos y judíos. Mas Jesús le pidió que le diera de beber. Ella le dijo:

—¿Cómo tú, siendo judío, me pides agua para beber a mí que soy samaritana?

—Si supieras quién es el que te pide agua, seguramente le pedirías tú a él, y te daría un agua viva... que saltará hasta la vida eterna y calmará la sed para siempre.

—Veo que eres profeta: aclárame

si es en este cerro (el Garizim) o es
en Jerusalén donde se debe adorar a Dios.

—Ha llegado la hora en que ni en Jerusalén ni aquí… Dios
es espíritu, y es menester que aquellos que lo adoren, lo hagan
en espíritu y en verdad.

—Sé que el Mesías está al llegar; él nos aclarará las cosas.

—Yo soy, el mismo que habla contigo.

La mujer dejó su cántaro y corrió al pueblo a contar todo
lo que le había dicho Jesús.

(Juan 4, 1-42)

La pesca milagrosa

LA fama de Jesús se había extendido mucho. En una ocasión, paseando por la playa, se agolparon las gentes en torno a él para escuchar sus enseñanzas. Había allí dos barcas que acababan de arribar. Sus dueños, los hermanos Andrés y Simón, estaban limpiando las redes. Jesús subió en la de Simón y le pidió que la apartara un poco de la playa. Desde ella estuvo hablando a las gentes que, sentadas, le escuchaban desde la orilla. Cuando terminó dijo a Simón y a Andrés que se metieran aguas adentro para pescar. Simón le explicó:

—Hemos pasado toda la noche sin pescar nada; pero, ya que tú lo dices, echaré la red.

Al momento la red se puso tensa y se rompía por la abundancia de peces. Hicieron señas a sus socios que estaban en
la otra barca, para que vinieran a ayudarles. Estos socios eran
el joven Juan y su hermano Santiago. Las dos barcas se llenaron tanto que casi les entraba agua por la borda.

Simón se echó a los pies de Jesús y le dijo:

—Apartáte de mí, Señor, que soy un pecador.

—No temas. Desde ahora serás pescador de almas.

Cuando llegaron a tierra Jesús pidió a Simón y a Andrés
que le siguieran. Lo mismo dijo a Santiago y a Juan. Ellos,
dejando todo, se fueron con Él.

(Lucas 5, 1-11)

El paralítico perdonado

JESÚS recorría las ciudades de Galilea; enseñaba en las sinagogas y curaba milagrosamente a los enfermos que le presentaban. Madrugaba, se retiraba a algún lugar solitario para orar. Después de andar varios días por ciudades y aldeas regresaba a Cafarnaún.

En una de estas ocasiones se supo que estaba en casa, y acudieron tantos que no cabían ni delante de la puerta. Jesús, sentado dentro, los adoctrinaba. Había también escribas que habían venido de toda Galilea, Judea y Jerusalén para escucharlo.

Cuatro hombres trajeron a un paralítico tendido en su lecho. Intentaron entrar donde estaba Jesús; pero no pudieron abrirse paso entre la multitud que se agolpaba en la puerta. Por la escalera exterior subieron a la azotea y abrieron un boquete en el techo por encima de donde se encontraba Jesús. Con cuerdas descolgaron al paralítico en la camilla. Cuando Jesús vio la fe de aquellos hombres que asomaban sus cabezas por la abertura del techo, dijo al paralítico:

—Ten confianza, hijo; tus pecados quedan perdonados.

Los escribas que estaba dentro sentados empezaron a pensar que Jesús blasfemaba al atreverse a decir que perdonaba los pecados pues sólo Dios podía perdonarlos.

Conociendo sus pensamientos, les preguntó:

—¿Qué es más fácil: decir al paralítico que sus pecados quedan perdonados, o decirle que se levante, que tome su camilla y que se vaya a su casa? Pues para que sepáis que tengo poder de perdonar los pecados en la Tierra... —se dirigió al paralítico y le ordenó—: ¡Levántate, toma tu camilla y vete!

Al instante se sintió curado y levantándose, se marchó.

(Marcos 2, 1-12)

Elección de los Apóstoles

JESÚS sabía que su misión era salvar a todos los seres humanos hasta el final de los tiempos. Pero su presencia visible en la Tierra iba a ser muy breve. Tenía que elegir hombres que continuaran su misión a través de los siglos.

Se apartó a un lugar solitario y pasó toda la noche en oración con su Padre Celestial. Cuando fue de día convocó a todos sus discípulos. De entre ellos escogió doce a los que llamó Apóstoles, para enviarlos a predicar y para que vivieran junto a él. Eligió a Simón, a quien añadió el nombre de Pedro; a Andrés, su hermano; a Santiago y al joven Juan; hijos de Zebedeo, a quienes llamó «Hijos del Trueno»; a Felipe, a Bartolomé; a Mateo que fue invitado a seguirle cuando estaba sentado en su mesa de recaudador de impuestos; a Tomás; a Santiago el de Alfeo; a Simón el cananeo; a Judas Tadeo, hermano de Santiago el de Alfeo, y a Judas Iscariote, que era el que lo traicionaría. En una ocasión les dio entre otros muchos, estos consejos:

—No llevéis oro, ni plata, ni dinero: el que trabaja merece el alimento.

—A los que no os reciban ni os escuchen, al salir de su ciudad, sacudid el polvo de vuestras sandalias en señal contra ellos.

—Ved que os envío como ovejas entre lobos. Sed prudentes.

—Por mi causa seréis calumniados y perseguidos.

—No temáis a los que matan el cuerpo ya que no pueden matar el alma.

—El que a vosotros recibe, a mí me recibe; el que os desprecia, a mí me desprecia.

Más adelante fue transmitiéndoles las potestades que necesitarían para continuar la Salvación del mundo.

(Lucas 6, 12-16; Mateo 10, 5-42)

El Sermón de la Montaña

DESPUÉS de la elección de los Apóstoles, bajaba Jesús con ellos y, en una explanada del monte, se encontró con una gran muchedumbre de gente de Judea, Jerusalén y de las costas de Tiro y Sidón, que habían venido a escucharle y a ser curados de sus enfermedades. Se sentó y empezó a enseñarles las bienaventuranzas:

—Bienaventurados los pobres que viven desprendidos de los bienes de la tierra.

—Bienaventurados los que están afligidos.

—Bienaventurados los que desean la santidad.

—Bienaventurados los misericordiosos.

—Bienaventurados los limpios de corazón.

—Bienaventurados los per-
seguidos por su fe.

—Vosotros sois la sal de
la tierra y la luz del mundo.

—Amad a vuestros
enemigos y rogad por

los que os persigan.

—Haced vuestras obras para
los ojos de Dios.

—No podéis servir a Dios y a las riquezas.

—Perdonad y seréis perdonados.

—Dad y se os dará.

Cuando acabó de enseñar las gentes se mara-
villaban de su doctrina y porque les hablaba
con gran autoridad.

(Mateo 5-7; Lucas 6, 17-49)

Un entierro a las puertas de Naím

EN su predicación por Galilea Jesús llegó a una ciudad llamada Naím. Lo acompañaban sus discípulos y un numeroso grupo de gente.

Jesús vio pasar por delante de él un cortejo que iba a enterrar al hijo único de una mujer viuda. Se le enterneció el corazón y se adelantó hasta ella, diciéndole:

—No llores.

Y llegando hasta los que portaban las parihuelas en las que llevaban el cadáver envuelto en una sábana, hizo un gesto para que se detuvieran y, tocando el cuerpo, dijo:

—Muchacho, te lo digo yo, ¡levántate!

Se incorporó el difunto y comenzó a hablar. Lo tomó Jesús de la mano y lo entregó a su madre.

Todos quedaron sobrecogidos por la admiración y el temor, y glorificaban a Dios diciendo:

—Un gran profeta ha aparecido en nuestros días. —Y añadían—: Dios ha visitado a su pueblo.

La fama de este milagro corrió por toda Judea y por los países limítrofes.

(Lucas 7, 11-17)

La tempestad calmada

COMO en otras ocasiones Jesús, desde una barca un poco apartada de la orilla, estuvo hablando a la gente.

Al atardecer, cuando terminó, quiso cruzar el lago hasta la tierra de los gerasenos. Eran 12 kilómetros de travesía. Cansado, se puso a dormir en la popa. Mientras navegaban se movió un fuerte viento y se desencandenó la tormenta.

Los discípulos, que eran pescadores de aquel lago, no podían con las olas y asustados despertaron a Jesús gritando:

—¡Que perecemos, Maestro! ¡Sálvanos, Señor!

Jesús se despertó y les dijo:

—¿Por qué estáis acobardados, hombres de poca fe?

Entonces se puso de pie en la barca y mandó al viento y al mar:

—¡Calla, enmudece!

Inmediatamente cesó el viento y se hizó gran bonanza. Los discípulos, maravillados, comentaban:

—Hasta los vientos y las aguas le obedecen.

(Mateo 8, 23-27; Marcos 4, 35-40)

La hija de Jairo

CUANDO regresó Jesús a Cafarnaún en barca ya lo estaba esperando una multitud. Uno de los jefes de la sinagoga, llamado Jairo, se arrojó a sus pies y le suplicó que fuera a su casa: su hija de doce años estaba agonizando.

Jesús se puso en camino junto a Jairo y la multitud lo apretujaba mientras iban caminando. Una mujer se acercó por detrás y tocó la orla de su túnica. Jesús preguntó:

—¿Quién me ha tocado?

—¿Te estrujan por todas partes y preguntas que quién te ha tocado? —le interrogó extrañado Simón Pedro.

Jesús seguía mirando en derredor suyo.

La mujer, al verse descubierta, y sintiendo que estaba curada, se postró a los pies de Jesús: le contó ante todo el pueblo que padecía hemorragias desde hacía doce años, y que se había gastado todo en médicos sin lograr curarse.

—Ten confianza; tu fe te ha curado; vete en paz —le dijo.

Aún estaba hablando cuando vinieron a avisar a Jairo que su hija acababa de morir; que no molestara al Maestro. Lo oyó Jesús y dijo a Jairo:

—No temas; solamente cree.

Llegaron a la casa y toda ella era un tumulto de gente que se lamentaba y lloraba. Jesús echó a todos fuera. Entró donde yacía muerta la niña, tomó su mano y exclamó:

—Niña, a ti te digo, ¡levántate!

Se levantó y se puso a andar. Jesús dijo a sus padres que le dieran de comer y les mandó que no lo contaran a nadie.

(Marcos 5, 21-43)

El milagro de los panes y los peces

JESÚS y sus Apóstoles tomaron una barca y se internaron en el lago hacia el territorio de Betsaida, a un paraje tranquilo y solitario para descansar durante un día: andaban siempre tan ocupados que ni tiempo para comer tenían. La gente los vio partir de mañana y supo a dónde iban y los siguió bordeando el lago.

El día empezaba ya a declinar y los Apóstoles advirtieron a Jesús que despidiera a la gente, para que pudieran comprar algo de comer en las aldeas próximas. Jesús les respondió:

—Dadles vosotros de comer.

Andrés indicó que allí había un niño que llevaba cinco panes de cebada y dos peces y añadió:

—¿Pero qué es esto para tanta gente?

—Traédmelos acá y que se siente todo el mundo.

Se acomodaron en grupos. Jesús tomó los panes y los peces, miró al cielo; los bendijo, y los partió.

Luego mandó a sus discípulos que los distribuyeran entre la multitud. Los cinco mil hombres que había, sin contar mujeres y niños, se saciaron de pan y pescado. Aún se recogieron doce canastos de los pedazos que sobraron.

(Juan 6, 1-15; Marcos 6, 30-46)

Promesa de la Eucaristía

MUCHOS de los que comieron del pan multiplicado milagrosamente se quedaron a dormir por los alrededores de aquel lugar después de ver que los Apóstoles se habían ido en la única barca que trajeron, y que Jesús se había quedado solo. Al día siguiente, junto con otros que acudieron con barquichuelas, se pusieron a buscarlo. No lo encontraron, y regresaron con las barcas a Cafarnaún. Al verlo allí le preguntaron cómo había podido volver.

Jesús empezó a decirles que se preocuparan más por el pan que baja del cielo. Ellos entendieron que les hablaba del maná que sus antepasados habían comido en el desierto. Jesús les aclaró que los que comieron del maná, murieron; en cambio, el pan del que estaba hablando, daría vida eterna. Y concretó:

—Yo soy el pan vivo que ha descendido del cielo; si alguno comiere de este pan, vivirá eternamente. Y el pan que yo daré es mi carne para dar la vida al mundo.

—¿Cómo puede éste darnos a comer su carne? —se preguntaban disgustados.

Jesús insistió dando más fuerza a sus palabras:

—En verdad, en verdad os digo que si no comiereis la carne y bebiereis la sangre del Hijo del hombre, no tendréis vida en vosotros: el que come mi carne y bebe mi sangre, tiene vida eterna y yo lo resucitaré en el último día.

Ante estas palabras muchos dejaron de seguirle. Y dijo Jesús a los Apóstoles:

—¿También vosotros os queréis ir?

—Señor, ¿a quién iremos? Tú tienes palabras de vida eterna. Tú eres el Hijo de Dios —le contestó Pedro.

(Juan 6, 22-71)

Pedro, cabeza de la Iglesia

A GUAS arriba, casi donde el Jordán empieza a ser río al pie del nevado Hermón, está Cesarea de Filipo en la región de Iturea.

Por aquí vino Jesús con sus Apóstoles. Después de hacer oración a solas, les preguntó mientras hacían camino:

—¿Quién dice la gente que es el Hijo del Hombre?

Ellos fueron dándole respuestas: «Unos dicen que eres Juan el Bautista; otros que Elías y otros, Jeremías o uno de los antiguos profetas que ha resucitado».

Jesús iba a hacer la pregunta definitiva. Por primera vez, según le respondieran, iba a declarar quién era en verdad. Les preguntó:

—Y vosotros, ¿quién decís que soy yo?

Simón Pedro se adelantó a los demás y contestó resueltamente:

—Tu eres el Cristo, el Hijo de Dios vivo.

Jesús no corrigió la respuesta de Simón, la aceptó como verdadera y le dijo:

—Bienaventurado eres Simón, hijo de Juan, porque no te lo reveló la carne ni la sangre, ni tu cabeza ni tu corazón, sino mi Padre que está en los cielos. Y yo te digo que tú eres Pedro, y sobre esta piedra edificaré mi Iglesia; y las puertas del infierno no prevalecerán contra ella. Y a ti te daré las llaves del Reino de los cielos. Y todo lo que atares sobre la tierra, atado quedará en los cielos; y todo lo que desatares sobre la tierra, será también desatado en los cielos.

Cuando acabó de decir estas cosas a Pedro exigió a sus Apóstoles que no dijeran a nadie que Él, Jesús, era el Cristo.

(Mateo 16, 13-20)

La Transfiguración

EL monte Tabor se eleva como una inmensa cúpula verde en el vértice norte de la llanura de Esdrelón, al sudoeste del lago Tiberíades; su cumbre domina un extenso panorama desde sus quinientos metros de altura sobre su entorno.

Hacía unos cuantos días que Jesús había anunciado claramente a los Apóstoles su pasión, muerte y resurrección. Ellos no entendieron lo de la cruz, y Pedró intentó convencer al Maestro para que no consintiera todo aquello.

Poco después Jesús subió con Pedro, Santiago y Juan a lo alto del monte. Mientras oraba se transfiguró delante de ellos; su rostro se iluminaba igual que el sol, y sus vestiduras también se tornaron resplandecientes y blancas como la nieve. Al punto aparecieron Moisés y Elías en forma gloriosa hablando con Él sobre lo que tenía que padecer en Jerusalén.

Pedro, colmado de felicidad y sin saber lo que decía, propuso a Jesús:

—Señor, si quieres, hacemos tres tiendas, una para ti, otra para Moisés y otra para Elías, y nos quedamos aquí.

Aún estaba hablando Pedro cuando una nube luminosa los envolvió, y salió una voz de ella que exclamaba:

—Éste es mi Hijo amado, ¡escuchadle!

Al oírla, los tres Apóstoles se postraron apoyando el rostro en la tierra y tuvieron mucho miedo. Estaban así cuando alguien les tocó y les dijo:

—Levantaos, no temáis.

Alzando los ojos vieron que Jesús estaba solo. Todo había pasado ya.

Al bajar del monte, por la mañana, Jesús les mandó que no dijeran a nadie lo que habían visto hasta que él resucitara de entre los muertos.

(Mateo 17, 1-9)

El ciego de nacimiento

HACÍA tiempo que Jesús había dejado Galilea y que andaba por Judea; era el último año de su vida. Pasaba por una calle de Jerusalén y, al encontrarse con un ciego de nacimiento, los Apóstoles le preguntaron:

—¿Quién pecó: éste o sus padres, para nacer ciego?

—Ninguno de ellos. Nació así para que se manifiesten las obras de Dios —contestó Jesús. Escupió en tierra; hizo un poco de barro con la saliva, y lo puso en los ojos del ciego. Luego le dijo:

—Ve y lávate en la piscina de Siloé.

Fue, se lavó y volvió con vista. Los vecinos y los que lo conocían de darle limosnas empezaron a discutir acerca de si sería él o sería algún otro que se le pareciera. Pero les dijo que él era el ciego. Ante hecho tan extraordinario lo llevaron al senado de los judíos.

Allí le preguntaron y él repitió una vez más: «Me puso lodo, me lavé y veo». Los fariseos se enzarzaron en una discusión. Unos decían que Jesús no podía ser un hombre de Dios porque no había guardado el sábado, y ese día era sábado. Los otros decían que si fuera un pecador no podría haber hecho un milagro tan evidente. Concluyeron que nunca había sido ciego.

Lo volvieron a llamar; les volvió a explicar. Discutieron con el ciego y acabaron echándolo fuera de mala manera.

Jesús se hizo el encontradizo con él y le preguntó:

—¿Crees tú en el Hijo de Dios?

—¿Quién es, Señor, para que crea en Él?

—Ya lo has visto; el que habla contigo, ese mismo es.

—¡Creo, Señor!

Y postrándose el que había sido ciego, lo adoró.

(Juan 9, 1-41)

ESTABA Jesús orando en el monte de los Olivos, a las afueras de Jerusalén, y cuando acabó le pidió uno de los discípulos:

—Señor, enséñanos cómo se debe orar.

—Cuando oréis decid: Padre nuestro que estás en el cielo, santificado sea tu nombre; venga a nosotros tu reino; hágase tu voluntad en la tierra como en el cielo. Danos hoy nuestro pan de cada día; perdona nuestras ofensas, como también nosotros perdonamos a los que nos ofenden; no nos dejes caer en la tentación, y líbranos del mal.

También les dijo:

—Si uno de vosotros tiene un amigo, y viene a medianoche llamando a la puerta pidiendo tres panes prestados para cenar, aunque estéis ya en la cama, si el amigo insiste golpeando la puerta, os levantaréis y le daréis lo que necesita, aunque sólo sea para que os deje en paz.

Por esto os digo: pedid y se os dará; buscad y hallaréis; llamad y se os abrirá.

Si un hijo os pide pan, ¿le daréis una piedra?; o si os pide un pez, ¿le daréis una serpiente? Si vosotros, no siendo buenos, sabéis dar a vuestros hijos cosas buenas, ¿cuánto más vuestro Padre celestial las dará a quien le pidiere?

En otra ocasión dijo Jesús:

—Hasta ahora no habéis pedido nada en mi nonbre. En verdad, en verdad os digo que todo lo que pidiereis en mi nombre se os concederá.

(Lucas 11, 1-13; Juan 14, 13-14)

El Hijo Pródigo

ERA frecuente ver a Jesús rodeado de publicanos y pecadores. A las habladurías de los fariseos, Jesús contestó:

—No los sanos, sino los enfermos son los que necesitan a un médico. No he venido a llamar a los justos, sino a los pecadores.

Y narró la siguiente parábola:

—Un padre tenía dos hijos. El menor le exigió un día su parte de herencia para administrársela él libremente. El padre les repartió la hacienda y este hijo menor, una vez convertida su herencia en dinero, se marchó a un país lejano.

Joven y con dinero abundante se entregó a toda clase de excesos. Los falsos amigos le ayudaron a que pronto se quedara en la miseria, llegando a la situación de tener que trabajar en lo que fuera, y lo hizo cuidando cerdos en tales condiciones que le escatimaban hasta las bellotas que con tanta abundancia comían los animales.

El hambre y la soledad le despertaron una profunda nostalgia de su padre. Le gustaría tanto abrazarlo y besarlo. Pero él ya no tenía derecho ni a su ternura ni a su pan.

Pensó que como hijo no, pero tal vez como uno más de sus criados sí que podría ser recibido. Meditó las palabras de arrepentimiento sincero que diría a su padre y se puso en camino.

El padre lo vio y corrió a su encuentro; lo estrechó entre sus brazos y lo besó con lágrimas de gozo. El joven empezó a decirle: «Padre, pequé contra el cielo y contra ti; ya no merezco ser hijo tuyo...»
El padre, sin hacerle caso, mandó a los criados que trajeran el mejor traje y las sandalias para su hijo, y que mataran el becerro más gordo para celebrar la recuperación del hijo que creía muerto y perdido...

Así habrá de gozo en el cielo por cada pecador que se arrepienta —concluyó Jesús.

(Lucas 15, 1-2; 11-32)

Resurrección de Lázaro

LA envidia y las intrigas de los escribas y fariseos eran tantas que ya constituían una amenaza. Jesús huyó de Jerusalén y, como en otras ocasiones, pasó por Betania para visitar a su amigo Lázaro que vivía con sus hermanas Marta y María en esta aldea, a tres kilómetros al este de la capital. Siguió su camino y bajó hacia el valle del Jordán. Estando por allí recibió una noticia:

—Señor, tu amigo Lázaro a quien tanto amas, está enfermo.

—Esta enfermedad no es de muerte, sino para glorificar al Hijo de Dios —comentó Jesús con sus Apóstoles.

Pasados dos días les dijo que debían regresar a Judea porque Lázaro había muerto. Se pusieron en camino y cuando ya estaban cerca de Betania, Marta, que había sabido que llegaba Jesús, salió a su encuentro diciéndole:

—Señor, si hubieras estado aquí mi hermano Lázaro no habría muerto...

—Resucitaré a tu hermano —le prometió Jesús.

Marta avisó a su hermana María que el Maestro estaba allí, y que la llamaba. Los judíos que habían venido de Jerusalén a darles el pésame y estaban en la casa pensaron que iba al sepulcro y la acompañaron. María, al llegar donde estaba Jesús, se postró llorando a sus pies al tiempo que se quejaba igual que su hermana. Jesús se conmovió y también lloró.

—¿Dónde lo habéis puesto? —preguntó.

—Ven, Señor, y lo verás.

Cuando llegaron al sepulcro hizo que retiraran la losa de piedra que tapaba la entrada. Marta le advirtió que ya olía mal, pues hacia cuatro días que estaba muerto. Jesús miró al cielo en oración y luego exclamó en voz alta:

—¡Lázaro, ven afuera!

Al instante apareció de pie en la puerta. Jesús ordenó que le quitaran las vendas para que pudiera caminar.

(Juan 11, 1-44)

Jesús y los niños

EN una ocasión, cuando llegaron a la casa donde se hospedaban, unas madres intentaron acercar sus niños a Jesús para que los tocara, les impusiera las manos y orara por ellos.

Los Apóstoles intervinieron apartando a los pequeños y riñendo a las madres por molestar al Maestro con aquella chi-

quillería. Jesús, al darse cuenta, le pareció mal; llamó a los niños y reprendió a los Apóstoles:

—Dejad que los niños se acerquen a mí, y no lo impidáis. De ellos y de los que se hacen como ellos es el Reino de Dios.

Los abrazó, les impuso las manos y jugó con ellos.

(Marcos 9, 33-37; Lucas 18, 15-17)

El joven rico

SALIENDO Jesús de una ciudad para continuar su camino, un joven de familia distinguida vino corriendo a darle alcance y, postrándose ante Él, le preguntó:

—Maestro, ¿qué debo hacer para conseguir la vida eterna?

—Guarda los Mandamientos —le contestó Jesús, y añadió—: Ya los conoces: no matarás; no hurtarás; no darás falso testimonio; no **cometerás fraude**; honrarás a tus padres, y amarás a tu prójimo como a ti mismo.

—Ya los guardo desde mi niñez. ¿Qué más puedo hacer?

Jesús le sonrió; lo miró fijamente y le dijo:

—Aún te falta una cosa; si quieres ser perfecto, anda, vende cuanto tienes y entrégalo a los pobres; así tendrás un tesoro en el cielo. Luego ven y sígueme.

El joven tenía muchas posesiones y, al oír esto, se marchó muy triste. Entonces Jesús comentó a sus discípulos:

—¡Difícilmente entrará un rico en el reino de los cielos!

Los discípulos se asombraron ante estas palabras del Maestro; pero él insistió:

—Hijos míos, otra vez os lo digo: ¡Cuán difícil es entrar en el reino de los cielos para los que tienen puesta su confianza en el dinero! Más fácil es que un camello entre por el ojo de una aguja.

—¿Quién, pues, podrá salvarse? —se interrogaron los discípulos. Y Pedro aprovechó para preguntarle:

—¿Qué será de nosotros que hemos dejado todo cuanto teníamos para seguirte?

—Vosotros y todos los que dejan padres, mujer, hermanos, hijos, casa y tierras por mí y por el Evangelio, recibirán el ciento por uno junto con persecuciones en esta vida, y luego poseerán la vida eterna —les aseguró Jesús.

(Mateo 19, 23-30; Lucas 18, 24-30)

Zaqueo

CUANDO Jesús
se acercaba a la ciudad de
Jericó, un ciego que estaba sentado
pidiendo limosna al borde del camino,
preguntó qué tropel era aquel que se oía. Le dijeron que
pasaba Jesús. El ciego empezó a gritar:

—¡Jesús, Hijo de David, ten compasión de mí!

La gente le reñía molesta por sus continuos gritos. Jesús
mandó que hicieran sitio y se lo acercaran y, sabiendo qué era
lo que quería, le dijo:

—Recobra la vista; tu fe te ha salvado.

Empezó a ver, y siguió glorificando a Dios.

Andaba ya Jesús por una de las calles de la ciudad
y un hombre se puso de puntillas para poder verle

porque había oído hablar mucho de Jesús y quería conocerlo. Este hombre se llamaba Zaqueo; era rico y jefe de recaudadores de impuestos, conocidos con el nombre de publicanos y considerados como pecadores. Como era de baja estatura no podía ver a Jesús a causa de la gente que lo rodeaba; corrió para adelantarse y se subió a una higuera que crecía en la calle por la que iba a pasar el Maestro.

A llegar allí Jesús alzó los ojos y vio a Zaqueo encaramado. Se cruzaron la mirada y Jesús le dijo:

—¡Zaqueo, baja; voy a hospedarme hoy en tu casa!

Muchos empezaron a murmurar porque había ido a casa de un pecador.

Cuando terminaron de comer Zaqueo dijo a Jesús:

—Señor, daré a los pobres la mitad de cuanto tengo, y si en algo he defraudado a alguien, le restituiré cuatro veces más.

Jesús le dijo:

—Hoy ha entrado la salvación a esta casa.

(Lucas 18, 35-43; 19, 1-10)

Vuelve a Betania

SEIS días antes de la Pascua, Jesús volvió a Betania, de paso hacia Jerusalén, para celebrar esta fiesta. Le ofrecieron una cena en casa de Simón el que había sido leproso. Marta servía y Lázaro, a quien Jesús había resucitado tiempo atrás, estaba también a la mesa. María trajo un frasco de alabastro que contenía una libra de perfume de nardo.

Mientras Jesús cenaba ella le ungió los pies con el perfume; luego quebró el frasco, y derramó lo que quedaba sobre su cabeza. Toda la casa se llenó de la fragancia del nardo.

Judas Iscariote, el que lo iba a traicionar, dijo:

—¿Con qué fin tal derroche?

Jesús salió en su defensa con estas palabras:

216

—No molestéis a María, porque a los pobres siempre los tendréis con vosotros y siempre que queráis los podréis socorrer; a mí no siempre me tendréis. No ha hecho más que adelantarse a ungir mi cuerpo para la sepultura. En verdad os digo que allí donde se anuncie el Evangelio, en todo el mundo, también se publicará lo que ella acaba de hacer conmigo.

(Juan 12, 1-11; Mateo 26, 6-13)

Entrada triunfal en Jerusalén

JESÚS descansó el sábado en Betania. A la mañana siguiente salió hacia Jerusalén y empezó a subir la ladera este del monte de los Olivos. Cerca de allí estaba la aldea de Betfagé, Jesús mandó que le trajeran un pollino. Aparejaron el animal con sus mantos y Jesús montó sobre él. La gente que subía a la fiesta de la Pascua empezó a vitorear:

—¡Hossana al Hijo de David!

Muchos se quitaban los mantos y los extendían en el camino por donde pasaba Jesús; otros cortaban ramas de olivo y las esparcían a su paso. Cuando apareció a la vista Jerusalén y empezaron a descender, creció el griterío:

—¡Bendito el Rey que viene en nombre del Señor! ¡Viva el Mesías! ¡Paz en los cielos! ¡Hosanna!

Algunos fariseos que estaban entre la gente le dijeron:

—Maestro, reprende a tus discípulos.

—Os digo que si éstos hoy callan, las piedras darán voces.

Jesús, contemplando a Jerusalén, lloró por ella. Mientras tanto corrió la noticia por la ciudad de que era Jesús el que llegaba, y una gran muchedumbre de los que habían venido para la fiesta de Pascua salió a su encuentro agitando palmas y ramas de olivo, vitoreándolo.

Así entró por las calles de Jerusalén y toda la ciudad se conmocionó. Llegó al templo, donde curó a los enfermos que le presentaron. Los niños contagiados por el entusiasmo de los mayores también empezaron a gritar en el templo:

—¡Hosanna al Hijo de David!

(Mateo 21, 1-17; Juan 12, 12-19)

Lavatorio de los pies

TAMBIÉN el lunes y el martes subió Jesús a Jerusalén. El miércoles no salió de casa. El jueves, que era el primer día de la Pascua, le preguntaron los Apóstoles:

—¿Dónde quieres que dispongamos todo para la cena?

Mandó a Pedro y a Juan, diciéndoles:

—Id a la ciudad y al entrar en ella encontraréis a un hombre que lleva un cántaro de agua; seguidle y en la casa en que entre diréis al dueño que vais de mi parte. Disponed todo allí.

Habló así para ocultar a Judas el lugar. Jesús quería celebrar aquella cena sin ser detenido antes de tiempo.

Ya en el cenáculo se sentaron a la mesa y les dijo:

—Muchísimo he deseado comer esta Pascua con vosotros, antes de padecer.

Comenzada la cena Jesús se levantó, se quitó el manto, ciñéndose un paño limpio; luego echó agua en un barreño y comenzó a lavar los pies a sus Apóstoles y secarlos con el paño. Pedro, cuando le llegó el turno, se negó:

—¡Jamás me lavarás los pies!

—No tendrás, pues, parte conmigo.

—Si es así, lávame también las manos y la cabeza.

—El que está limpio no necesita lavarse más que los pies. Y vosotros estáis limpios. Aunque no todos.

Esto lo dijo por Judas. Cuando terminó, les indicó:

—Os he dado ejemplo: lo que yo he hecho con vosotros, debéis hacerlo con los demás.

(Marcos 14, 12-17; Juan 13, 1-17)

El traidor

EL martes por la noche hubo una reunión urgente en el patio del palacio del Sumo Sacerdote Caifás: acordaron acabar con Jesús, pero una vez pasadas las fiestas para evitar que el pueblo se amotinase.

Casi a la misma hora, cuando Jesús se retiraba de Jerusalén, les decía a los Apóstoles que dentro de dos días el Hijo del

Hombre sería crucificado. Judas Iscariote no estaba con ellos, porque había ido a hablar con los príncipes de los sacerdotes:

—Decidme cuánto pagáis y lo entregaré...

Al oírlo se alegraron y le ofrecieron treinta monedas de plata. Quedaron de acuerdo; Judas buscaría la ocasión para entregar a Jesús.

En la cena del jueves, después del lavatorio de los pies, Jesús, con gran tristeza, dijo:

—En verdad os digo que uno de vosotros me entregará.

—¿Quién, Señor? —le preguntaron todos.

—Más le valiera no haber nacido a uno de los doce que estáis comiendo en mi mesa.

La cena seguía. El joven Juan estaba junto a Jesús y recostando su cabeza en Él le preguntó quién era. Sin que los demás lo oyeran le contestó: «Aquel al que yo dé un trozo de pan mojado en salsa». Este gesto era un signo de predilección.

Cuando Judas tomó el bocado, se levantó para salir. Era noche ya cerrada. Jesús le dijo:

—Lo que has de hacer, hazlo pronto.

Judas, después de traicionarlo, arrojó las monedas y se ahorcó.

(Mateo 26, 1-5; Juan 13, 18-21; Mateo 27, 3-10)

La Ultima Cena

CUANDO Judas salió del cenáculo dijo Jesús:

—Ahora es glorificado el Hijo del Hombre y Dios en él. Hijos míos, poco tiempo me queda de estar con vosotros.

Concluida la cena, Jesús tomó uno de los panes, dio gracias, bendiciéndolo y luego lo repartió diciendo:

—Tomad y comed, éste es mi cuerpo que se entrega por vosotros. Siempre que hagáis esto hacedlo en memoria mía.

Luego tomó el cáliz con vino, dio también gracias y tras bendecirlo como el pan, lo entregó, diciendo:

—Bebed todos de él, porque ésta es mi sangre del Nuevo Testamento, que será derramada por muchos para la remisión de los pecados.

Jesús les dio un nuevo mandamiento:

—Amaos los unos a los otros como yo os he amado.

A Pedro que había hecho alarde de seguirle hasta la muerte, le dijo que antes del canto del gallo lo negaría más de tres veces. Alzando los ojos al cielo oró diciendo:

—Padre, llegó la hora. Te he dado a conocer a los hombres para que tengan vida eterna. Te ruego por éstos que me diste, y por todos los que han de creer en mí por su predicación. Que el amor con que me has amado esté en ellos.

(Mateo 26, 26-35; Juan 14-17)

En el huerto de Getsemaní

CUANDO Jesús y los Apóstoles salieron del cenáculo, fueron subiendo hasta el huerto de los olivos. Dejó a algunos a la entrada y se llevó con Él a Pedro, Santiago y Juan, y les dijo:

—Mi alma está triste; esperad aquí y velad conmigo.

Se separó de los tres a corta distancia, se arrodilló apoyando el rostro en tierra. Su oración era:

—Padre mío, si es posible pase de mí este cáliz de tormentos; mas no se haga mi voluntad, sino la tuya.

Así estuvo un largo rato. Por dos veces volvió adonde estaban los tres, y los encontró dormidos. Los reprendió dolido por no acompañarle con la oración en aquellos momentos de honda tristeza. Durante la oración fue tanta su angustia que llegó a sudar gotas de sangre. De la oración salió confortado y decidido a afrontar lo que le aguardaba. En el silencio de la noche oyó pasos sigilosos que se acercaban. Despertó a los Apóstoles:

—¡Basta, levantaos! Llega ya el que me entrega.

Judas había avisado a un pelotón de soldados y a los representantes de los sacerdotes que lo acompañaban.

—Al que yo bese, ése es; prendedlo y llevadlo con cautela.

Se adelantó, se acercó a Jesús y lo besó.

—Amigo, ¿con un beso entregas al Hijo del Hombre? —le dijo Jesús y, dirigiéndose a la tropa, les preguntó:

—¿A quién buscáis?

—A Jesús Nazareno —le contestaron.

—Yo soy; pero si me buscáis a mí, dejad marchar a éstos.

Los Apóstoles huyeron y Jesús se dejó prender.

(Juan 18, 1-12;
Mateo 26, 36-56)

Jesús ante Anás y Caifás

EL viejo Anás había sido Sumo Sacerdote. Astuto tejedor de intrigas, consiguió que le sucediera en el cargo su yerno Caifás. Para adular al temido viejo, llevaron a Jesús ante él antes que a nadie.

Anás preguntó a Jesús sobre sus discípulos y sobre su doctrina. Jesús se limitó a contestar:

—Yo siempre he hablado en público. No me preguntes a mí; pregunta a los que me han oído; ellos saben lo que he dicho.

Anás lo envió atado a Caifás que lo estaba esperando con los miembros del senado.

Se puso en pie y con solemne autoridad le preguntó:

—Dinos bajo juramento si tú eres el Hijo de Dios.

—Yo soy. Y os digo más: veréis al Hijo del Hombre sentado a la derecha de Dios Todopoderoso, y venir en las nubes del cielo.

Caifás se rasgó las vestiduras y dijo:

—Todos lo habéis oído. ¡Ha blasfemado! ¿Qué decís?

—Reo es de muerte —sentenció la asamblea.

(Juan 18, 13-14, 19-24; Mateo 26, 57, 59-68)

Negaciones de Pedro

DESDE el huerto de Getsemaní, Pedro y otro discípulo siguieron a Jesús a prudente distancia hasta el palacio de Anás y Caifás. Pedro se quedó en la puerta y el otro, conocido del personal de servicio, pudo entrar. Al rato volvió y habló con la portera consiguiendo que Pedro pasara. Era un amplio patio porticado: a un lado estaba la vivienda de Anás y al otro la de Caifás; en el centro del patio los guardias habían encendido una hoguera para defenderse del frío de la noche.

La muchacha portera miró a Pedro y le preguntó:

—¿No serás tú uno de los discípulos de ese hombre?

—No lo soy —contestó secamente Pedro.

Se sentó bajo el pórtico cuando lo vio otra criada:

—Éste estaba con Jesús Nazareno.

—No conozco a tal hombre —negó Pedro con juramento.

Huyó al centro del patio con los que estaban de pie calentándose en la fogata. Uno de ellos lo miró al resplandor de las llamas y le preguntó:

—¿No eres tú uno de sus discípulos?

—¡No sé lo que dices; no lo soy!

Pasado un rato otro dijo:

—De veras que éste andaba con Jesús; pues se nota claramente que es galileo.

Pedro empezó a lanzar imprecaciones y a maldecir y jurar:

—¡No conozco a ese hombre de quien habláis!

—Yo te vi en el huerto con él —le aseguró otro.

Y Pedro volvió a negar. De repente un gallo lanzó su canto de la madrugada. Pasaba entonces Jesús por el patio después del juicio ante Caifás y miró a Pedro. Recordó lo que le había dicho unas horas antes y, saliendo afuera, empezó a llorar.

(Juan 18, 15-18; Marcos 14, 66-72)

Jesús ante Pilato

LA sentencia dada por el tribunal de los judíos debía ser revisada y ejecutada por el procurador romano Poncio Pilato. Bastante temprano llevaron a Jesús hasta el pretorio, y Pilato escuchó las acusaciones: lo acusaban de alborotar al pueblo, oposición a pagar los impuestos al César y que se proclamaba el Cristo Rey.

Pilato interrogó a Jesús acerca de estos cargos. Sobre si era rey, le respondió:

—Soy rey, pero mi reino no es de este mundo.

El procurador vio que era inocente y así lo manifestó. En ese momento acudió la turba a pedir el indulto que, según costumbre, se daba con ocasión de la Pascua. Pilato les dio a elegir entre un asesino llamado Barrabás o Jesús. Los príncipes de los sacerdotes incitaron a la turba a que gritara:

—¡Haz morir a éste, y suéltanos a Barrabás!

—¿Qué hago con Jesús que se llama el Cristo?

—¡Crucifícale, crucifícale!

—Yo no hallo en él causa de muerte; lo castigaré y lo soltaré.

—¡Crucifícale, crucifícale!

Pilato mandó soltar a Barrabás y que azotaran a Jesús. En el patio lo desnudaron y lo torturaron

a latigazos; tejieron una corona de espinos y se la clavaron en la cabeza; le echaron encima de las espaldas un trapo rojo como manto real, y entre las manos le pusieron un caña como cetro. Con este humillante aspecto lo presentó Pilato al pueblo.

—¡Éste es el hombre!

—¡Crucifícale! Según nuestra ley debe morir porque se dice Hijo de Dios.

Pilato se rindió, y se lavó las manos ante el pueblo, mientras decía: «Soy inocente de la muerte de este justo». Así lo entregó para que lo crucificaran.

(Juan 18, 28-40; 19, 1-16; Lucas 23, 1-25)

Muerte en la Cruz

INMEDIATAMENTE después de la cobarde decisión de Pilato lo vistieron con sus propias ropas, y cargó el madero de su cruz. Custodiado por soldados romanos, salió Jesús hacia el lugar llamado Gólgota o Calvario, en los extramuros de la ciudad.

El centurión obligó a un labrador llamado Simón de Cirene, a que le ayudara a llevar el madero, pues era muy pesado.

Era mediodía cuando llegaron al Calvario. Después de despojarlo de sus vestiduras, lo clavaron de pies y manos al madero. Con Jesús crucificaron a dos ladrones, uno a cada lado.

Los soldados se dispusieron a esperar a que Jesús muriera. Jesús en su agonía rezaba:

—Padre, perdónales porque no saben lo que hacen.

Uno de los ladrones le pidió:

—Señor, acuérdate de mí cuando llegues a tu reino.

—Hoy estarás conmigo en el Paraíso —le aseguró Jesús.

Junto a la cruz estaban su madre y el joven Juan. Les dijo:

—Mujer, he ahí a tu hijo. Juan, he ahí a tu madre.

Era hacia las tres de la tarde. Densos nubarro-

nes habían entenebrecido el cielo. Con gran voz exclamó:

—Padre, en tus manos encomiendo mi espíritu.

E inclinando la cabeza expiró. La tierra tembló, rasgándose el velo del templo.

(Juan 19, 17-30; Lucas 23, 26-46)

La Sepultura

CUANDO el centurión vio cómo había muerto Jesús y los fenómenos que ocurrieron, exclamó:

—Realmente era el Hijo de Dios.

Y la gente que estaba allí y contempló aterrorizada lo que sucedía regresó a la ciudad dándose golpes de pecho.

Uno de los soldados traspasó con la lanza el costado de Jesús para asegurarse de su muerte.

José de Arimatea, varón justo y bueno, ilustre senador que no había compartido las decisiones tomadas contra Jesús, acudió a Pilato para pedirle el cuerpo del Maestro. Compró una sábana y fue al Calvario. También Nicodemo acudió allí llevando unas cien libras de mirra y óleos para embalsamar el cuerpo. Ambos eran discípulos de Jesús en secreto.

Se ponía el sol y estaba próxima la hora en que debían empezar a guardar el descanso del gran sábado de la Pascua. Rápidamente descolgaron el cadáver de Jesús, lo lavaron, lo ungieron y lo envolvieron en la sábana. Allí mismo José tenía en su huerto un sepulcro recién excavado en la roca. Pusieron a Jesús en él e hicieron rodar la piedra preparada para tapar la entrada.

Un grupo de mujeres, entre las que se hallaban María, madre de Jesús, y María Magdalena, regresó a Jerusalén y aún tuvieron tiempo de comprar aromas y ungüentos para enterrar debidamente a Jesús, una vez pasado el sábado de Pascua.

Los jefes de los judíos, impresionados por los fenómenos que se produjeron durante la muerte, fueron a hablar con Pilato para que destinara unos soldados a montar guardia en el sepulcro, y precintaron la piedra de la entrada.

(Mateo 27, 57-66; Juan 19, 38-42)

La Resurrección

CON las luces del alba del primer día de la semana, los soldados notaron una fuerte sacudida bajo sus pies y el resplandor como de un relámpago los aturdió. El miedo les hizo correr a contar lo ocurrido a los jefes de los judíos.

Casi al mismo tiempo el grupo de mujeres salió de la casa con los ungüentos y aromas. Mientras iban se decían: «¿Quién nos quitará la piedra del sepulcro?» Cuando estaban cerca la vieron corrida. Entraron y comprobaron que no estaba allí el cuerpo de Jesús. María Magdalena, sin aguardar más, corrió a dar tan lamentable noticia a Pedro y a Juan. Las otras mujeres se quedaron allí y de pronto vieron a un joven con vestiduras blancas sentado al lado derecho, que les dijo:

—No temáis. Sé que buscáis a Jesús Nazareno. No está aquí, ha resucitado. Id y decidlo a sus discípulos.

Ellas salieron gozosas a dar la noticia. Pedro y Juan acudieron corriendo y comprobaron lo que les había dicho María Magdalena, que venía detrás. Juan creyó que había resucitado al ver cómo estaban los lienzos que habían envuelto el cuerpo de Jesús. Ambos regresaron a la ciudad. María Magdalena se quedó llorando a la entrada del sepulcro; vio a un hombre de pie y creyendo que era el hortelano, le dijo:

—Si te lo has llevado tú dime dónde lo has puesto.

—¡María! —le dijo Jesús.

—¡Maestro! —exclamó ella reconociéndolo. Se postró y le abrazó los pies.

Jesús también se apareció al grupo de mujeres que aún iban hacia la ciudad:

—Dios os guarde. Dad la buena nueva a los hermanos; que vayan a Galilea y allí me verán.

Ellas, al reconocerlo, se le acercaron y lo adoraron postradas.

Los discípulos no las creyeron.

(Marcos 16, 1-11; Mateo 28, 1-15; Juan 20, 1-18)

Los Discípulos de Emaús

AQUELLA mañana dos discípulos salieron de Jerusalén a una aldea llamada Emaús, que distaba unos doce kilómetros. Mientras andaban conversaban sobre las cosas que habían ocurrido en aquellos días.

En un cruce del camino se les unió un desconocido que se tomó la confianza de preguntarles:

—¿Que conversación era esa que traíais, y por qué estáis tristes?

—¿No te has enterado de los acontecimientos de estos días?

—¿Cuáles? —preguntó el recién llegado.

—Lo de Jesús Nazareno —le aclaró uno de ellos.

Después de contar lo que le habían hecho, concluyó:

—Nosotros esperábamos que fuera Él quien tenía que redimir a Israel, pero... Es verdad que unas mujeres nos han atemorizado esta mañana contando que habían tenido unas visiones, y algunos de los nuestros han ido al sepulcro y lo han encontrado vacío; pero a Él no lo han visto.

El desconocido les dijo:

—¡Qué tardos de corazón sois para creer! ¿No está escrito que el Cristo tenía que padecer para entrar en su gloria?

Y empezando desde Moisés fue repasando todos los profetas, explicándoles todo lo que habían dicho sobre el Mesías.

Así llegaron a la casa. El desconocido hizo ademán de seguir, pero le insistieron para que se quedara con ellos, ya que el día empezaba a declinar. Entró y, estando sentados a la mesa, tomó el pan, lo bendijo y lo repartió entre ellos partiéndolo. Como si repentinamente se les hubieran abierto los ojos, vieron que era Jesús, y desapareció de su vista.

Inmediatamente emprendieron el regreso a Jerusalén, para contar gozosos todo lo que les había ocurrido.

(Lucas 24, 13-35)

Aparición de Jesús a los Apóstoles

L OS de Emaús tuvieron que identificarse para poder entrar en el cenáculo, pues quienes estaban dentro tenían cerradas las puertas por miedo a los judíos. Pedro aseguraba que Jesús había resucitado: se le había aparecido; los dos de Emaús narraron cómo lo habían reconocido al partir el pan. Los demás estaban entre el temor de que no fuera cierto y la alegría de que pudiera ser verdad; no acababan de creer. Era demasiado contraste entre el doloroso fin del viernes, y la certeza feliz de la resurrección.

Estando en estas cavilaciones, sin previo aviso, Jesús apareció de pie en medio de ellos:

—Paz a vosotros —les dijo.

Sobresaltados y despavoridos creían ver un espíritu. Jesús tuvo que intervenir:

—Mirad mis manos y mis pies; soy yo mismo; palpad, palpad: los espíritus no tienen carne y huesos como podéis ver que yo tengo.

Les mostró las manos, los pies y el costado con las cicatrices. Se llenaron de gozo y en su alegría no acababan de creer que estuvieran viendo al Señor.

Poco antes de irse sopló sobre ellos y añadió:

—Como mi Padre me envió, así también os envío yo. Recibid el Espíritu Santo. A quienes perdonéis los pecados, les quedarán perdonados, y a quienes se los retengáis, retenidos les quedarán. Paz a vosotros.

(Juan 20, 19-24; Lucas 24, 36-45)

243

Junto al lago Tiberíades

POR indicación de Jesús, los Apóstoles se fueron de Jerusalén a su región de Galilea. Estaban juntos Simón Pedro, Tomás, Natanael, Santiago, Juan y otros dos. Un anochecer salieron con la barca de Pedro a pescar en el lago Tiberíades. Volvían al amanecer sin nada.

Desde la orilla, entre la bruma, alguien les gritó:

—¿Traéis algo?

—¡No! —contestaron.

—¡Echad la red a la derecha de la barca y hallaréis!

La echaron, y no la podían sacar por la cantidad de peces recogida. Juan dijo que era Jesús. Pedro no se lo pensó; se tiró al agua y ganó la orilla a nado.

—Traed aquí el pescado y venid a almorzar —les dijo Jesús.

Cuando terminaron de comer, dijo Jesús a Pedro:

—Simón, hijo de Juan, ¿me amas más que éstos?

—Sí, Señor; tú sabes que te quiero —le contestó Pedro.

—¡Apacienta mis corderos! —le mandó Jesús.

Por segunda vez le hizo la misma pregunta y Pedro dio la misma respuesta. Y Jesús le ordenó:

—¡Pastorea mis ovejas!
Y por tercera vez le pregunta:
—Simón, hijo de Juan, ¿me quieres?
Pedro se entristeció, porque le preguntó esto por tercera vez.
—Señor, tú lo sabes todo; tú sabes que te quiero —le dijo.
—¡Apacienta mis ovejas! —le volvió a mandar Jesús. Y añadió—: ¡Sígueme!

(Juan 21, 1-19)

La Ascensión

HACÍA cuarenta días que Jesús había resucitado y durante ellos fue dando a los Apóstoles las últimas instrucciones sobre el reino de Dios.

Después de dejarse ver en Galilea alguna vez más, les mandó que regresaran de nuevo a Jerusalén. Estando con ellos a
la mesa en el cenáculo les pidió que no se ausentaran de la ciudad, porque:

—Dentro de no muchos días recibiréis la fuerza del Espíritu Santo y seréis mis testigos en Jerusalén, en Judea y hasta
los confines de la tierra.

Luego les sacó fuera de la ciudad, hasta la cumbre del
monte de los Olivos, dando vista a Betania. Allí, alzando las
manos los bendijo. Y aconteció que mientras los bendecía comenzó a ascender siendo llevado hacia lo alto hasta que una
nube lo ocultó a sus ojos. Los Apóstoles seguían con la mirada clavada en el cielo, viendo cómo desaparecía.

Dos hombres con vestiduras blancas les dijeron:

—Varones galileos, ¿qué hacéis ahí plantados mirando absortos al cielo? Este mismo Jesús que habéis contemplado marchar, volverá de la misma manera.

Ellos tornaron gozosos a la ciudad. En el cenáculo, donde se reunían, permanecieron en oración con María la madre de Jesús, en espera del Espíritu Santo que les había prometido.

En uno de aquellos días, mientras esperaban, Pedro propuso la elección de un sustituto de Judas Iscariote. Tendría que haber sido testigo de la vida de Jesús, desde el bautismo de Juan, de la resurrección y de la ascensión. De los ciento veinte discípulos que estaban reunidos aparecieron dos que reunían estas condiciones. Después de orar echaron suertes y recayó sobre Matías, que pasó así a completar el número de los doce Apóstoles.

(Lucas 24, 50-52; Hechos de los Apóstoles 1, 1-26)

Venida del Espíritu Santo

CINCUENTA días después de la Pascua los judíos celebraban la fiesta de Pentecostés: acudían de todas partes a dar gracias a Dios en el templo de Jerusalén por las cosechas que ya estaban a punto, y para conmemorar la revelación de la Ley de Dios en el monte Sinaí.

Diez días después de la ascensión de Jesús al cielo, el día

de Pentescostés, estaban los Apóstoles reunidos en el cenáculo. De repente, se produjo un estruendo como de viento huracanado proveniente del cielo que estremeció toda la casa. Aparecieron unas lenguas como de fuego que, repartiéndose, se posaron sobre cada uno de ellos. Todos quedaron llenos del Espíritu Santo; y comenzaron a hablar diversas lenguas.

Al oírse este estruendo concurrió la multitud ante la casa donde estaban los Apóstoles. Había en Jerusalén, con motivo de la fiesta, hombres religiosos de muchas naciones: de Grecia, Roma, Mesopotamia, Capadocia, Egipto, Libia... Todos quedaron maravillados y se preguntaban pasmados unos a otros:

—¿No son galileos estos hombres? ¿Cómo es que cada uno de nosotros los oímos hablar en nuestra propia lengua? ¿Qué querrá decir todo esto?

(Hechos de los Apóstoles 2, 1-41)

La Iglesia en marcha

LA multitud de los creyentes crecía. Se reunían en las casas para celebrar la Eucaristía y se ayudaban los unos a los otros con sus bienes.

Los Apóstoles, con gran fortaleza de ánimo, daban testimonio de la resurrección del Señor Jesús, y de todo lo que él les había mandado anunciar. Obraban muchos prodigios entre el pueblo.

Pedro y Juan subían una tarde al templo a orar y al entrar por la puerta llamada Hermosa un cojo de nacimiento, que cada día pedía limosna en ella, alargó la mano para que le dieran alguna moneda. Pedro, mirándolo fijamente, le dijo:

—Ni oro, ni plata tengo; pero lo que tengo, eso te doy; en nombre de Jesús Nazareno, levántate y anda.

Se incorporó y entró con ellos en el templo saltando de alegría y glorificando a Dios. El cojo era muy conocido y su curación llenó de asombro a todo el pueblo. No se separaba de Pedro y para verlo se reunió mucha gente bajo el pórtico de Salomón, donde el Apóstol solía dirigirse a la multitud.

Los Apóstoles fueron encarcelados varias veces. En una de ellas Gamaliel, doctor de la ley, pidió que los sacaran de la sala para deliberar a solas. Les dijo a los otros miembros del senado:

—Dejad en paz a estos hombres porque si lo que enseñan es obra de hombres, desaparecerá por sí sola; mas si proviene de Dios, no podréis destruirla, y es malo pelear contra Dios.

Después de azotarlos los dejaron en libertad, ordenándoles que no anunciaran a Jesús. Pedro les contestó:

—Juzgad vosotros mismos si tenemos obligación de obedecer a los hombres antes que a Dios.

Salieron gozosos de haber padecido azotes por el nombre de Jesús, y continuaron predicando todos los días en el templo y en las casas la buena nueva del Señor Jesús.

(Hechos de los Apóstoles 3; 4, 1-37; 5, 12-42)

El primer mártir

LOS Apóstoles necesitaban más tiempo para dedicarse a la oración y a la predicación. Impusieron sus manos sobre siete varones a los que llamaron diáconos, para confiarles la misión de ayudarles. Uno de estos diáconos era Esteban.

Algunos judíos que pertenecían a la sinagoga de Jerusalén, conocida como de los libertos, empezaron a discutir con Esteban; pero no podían rebatir sus argumentos ni el espíritu con que les hablaba. Entonces incitaron a unos hombres para que gritaran:

—¡Éste ha blasfemado contra Moisés y contra Dios!

Azuzaron al pueblo que se arrojó sobre él y lo arrastraron hasta el senado. Después de declarar algunos testigos falsos, el Sumo Sacerdote le preguntó:

—¿Es verdad todo lo que dicen contra ti?

Esteban tomó la palabra y en un largo discurso recorrió la historia del pueblo de Israel, recordando los momentos en que se rebeló contra Dios y contra sus enviados. Terminó así:

—¡Duros de cerviz! Como vuestros antepasados, estáis chocando contra el Espíritu Santo. Ellos mataron a los que anun-

ciaron la venida del Justo, y vosotros lo habéis traicionado y asesinado.

Al oír estas palabras la rabia contra Esteban les bullía en el corazón. Él clavó los ojos en el cielo y exclamó:

—Veo los cielos abiertos y al Hijo del Hombre de pie a la derecha de Dios.

Ellos, tapándose los oídos y dando grandes voces, se precipitaron con furia contra él; lo sacaron a empellones de la ciudad y lo apedrearon. Esteban rezaba bajo la lluvia de piedras:

—Señor Jesús, no les tengas en cuenta este pecado.

Aquel día empezó una gran persecución contra la Iglesia de Jerusalén. Los creyentes, a excepción de los Apóstoles, buscaron refugio en las naciones de alrededor. Con esta dispersión se inició la expansión del Evangelio.

(Hechos de los Apóstoles 6, 8-15; 7; 8, 1-4)

Conversión de Saulo

UN joven llamado Saulo guardaba los mantos de los que apedreaban a Esteban. Era natural de Tarso de Cilicia. Con cartas de autorización del Sumo Sacerdote, se dirigía a Damasco para apresar allí a cuantos discípulos encontrara y llevarlos atados a Jerusalén. En el camino, cerca ya de la

ciudad, de repente se sintió envuelto por una cegadora luz que venía del cielo; cayó por tierra y oyó una voz que le decía:

—Saulo, Saulo, ¿por qué me persigues?

—¿Quién eres, Señor?

—Yo soy Jesús, a quien tú persigues; levántate, entra en la ciudad y se te dirá lo que tienes que hacer.

Los que lo acompañaban se detuvieron llenos de espanto porque oyeron la voz sin ver a nadie. Saulo, aunque se levantó con los ojos abiertos, no veía, estaba ciego. Lo tuvieron que llevar hasta Damasco. A los tres días se bautizó y recobró la vista milagrosamente.

Empezó a anunciar en la sinagoga que Jesús era el Hijo de Dios. Cuando los judíos vieron que su conversión era sincera, tramaron contra su vida por traidor.

Para salvarle de las amenazas de muerte, los hermanos lo acompañaron al puerto de Cesarea, y allí se embarcó para su ciudad natal de Tarso.

Pocos años después Bernabé fue a buscarlo y lo llevó a Antioquía donde los seguidores de Jesús empezaron a llamarse cristianos. A partir de esta ciudad empezó a ser Pablo, el Apóstol de los gentiles.

(Hechos de los Apóstoles 8, 1-13; 9, 1-30; 11, 19-30)

Mapas

EL ÉXODO
DEL
PUEBLO JUDÍO

BASÁN

Muerte de Moisés

MAR MEDITERRÁNEO

CANÁN

Exploradores
de Canán

AMMOM

Dibón

MAR
MUERTO

MOAB

Jormá

Baalsefón

PENÍNSULA
DEL SINAÍ

Qadés-Barnea

La serpiente
de bronce

Sucor

Obot

Efam

Punón

La columna
de fuego

Paso del
Mar Rojo

EDOM

RÍO NILO

Lluvia del Maná

Mara

Muerte de Aarón

Brote
del agua

Zarza ardiente

DESIERTO
ARÁBIGO

Dofcá

Elat

Alus

Jaserot

Rafidim

GOLFO DE AQABA

Taberá

ARABIA

GOLFO DE SUEZ

Tablas
de la Ley

EGIPTO

MAR ROJO

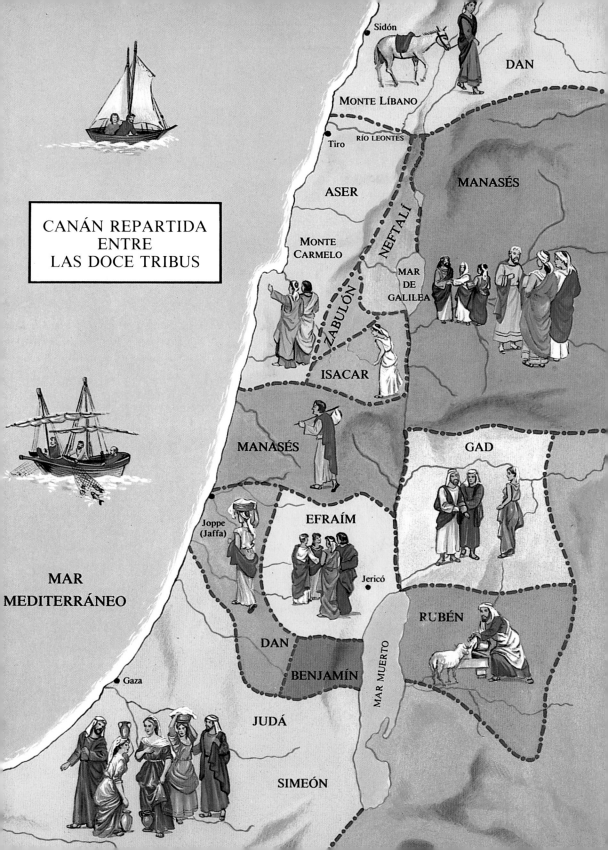

CANÁN REPARTIDA
ENTRE
LAS DOCE TRIBUS

MAR
MEDITERRÁNEO

Sidón
DAN
MONTE LÍBANO
Tiro
RÍO LEONTES
ASER
MANASÉS
NEFTALÍ
Monte
Carmelo
MAR
DE
GALILEA
ZABULÓN
ISACAR
MANASÉS
GAD
Joppe
(Jaffa)
EFRAÍM
Jericó
RUBÉN
DAN
MAR MUERTO
BENJAMÍN
Gaza
JUDÁ
SIMEÓN

MESIA

ILIRIA

TALIA

MAR ADRIÁTICO

MACEDONIA

Roma

Tres Tabernas
Foro Apio

Pozzuoli

Filipos

Neápolis

Anfípolis

Tesalónica

Apolonia

Berea

EPIRO

MAR
TIRRENO

ACAYA

Mesina

Atenas

Corinto

Céncreas

SICILIA

Regio

Siracusa

CR

MALTA

La

CIRENAICA

VIAJES APOSTÓLICOS DE SAN PABLO

PRIMER VIAJE: ―·―·―·―·―   TERCER VIAJE: ―·―·―·―

SEGUNDO VIAJE: ―·―·―·―   CUARTO VIAJE: ―·―·―·―